全国高考语文现代文阅读

"热点作家"
经典作品精选集

试卷上的作家

相亲相爱的水

裘山山／著

张国龙／主编

延伸阅读　备战高考

适合考生做语文阅读的散文集
走进语文之美，领略阅读精髓

高中版

丰富的阅读素材

从童年往事到世间百态
从青葱校园到异域风光
开拓视野，看见世界，提升写作能力和人文素养

四川文艺出版社

图书在版编目（ＣＩＰ）数据

相亲相爱的水 / 裘山山著. -- 成都 : 四川文艺出
版社, 2023.7
（试卷上的作家）
ISBN 978-7-5411-6726-3

Ⅰ.①相… Ⅱ.①裘… Ⅲ.①阅读课—中学—教学参
考资料 Ⅳ.①G634.333

中国国家版本馆CIP数据核字（2023）第124034号

XIANGQIN XIANGAI DE SHUI

相亲相爱的水

裘山山　著

出 品 人	谭清洁
责任编辑	张亮亮
封面设计	宋双成
内文设计	宋双成
责任校对	文　雯

出版发行　四川文艺出版社（成都市锦江区三色路238号）
网　　址　www.scwys.com
电　　话　028-86361802（发行部）　　028-86361781（编辑部）

排　　版　北京书香文雅图书文化有限公司
印　　刷　三河市兴国印务有限公司
成品尺寸　165mm×235mm　　　　开　本　16开
印　　张　14　　　　　　　　　　字　数　170千
版　　次　2023年7月第一版　　　　印　次　2023年7月第一次印刷
书　　号　ISBN 978-7-5411-6726-3
定　　价　39.80元

总　序

情感和思想的写真

张国龙

　　和小说、诗歌等相比，散文与大众更为亲近。大多数人一生中或多或少会运用到散文，诸如，写作文、写信、写留言条等。和小说相比，散文大多篇幅不长，不需占用太多的读写时间；和诗歌相比，散文更为通俗易懂。一句话，散文具有草根性和平民性气质。

　　在中小学语文课本中，散文篇目体量最大。换句话说，散文是中小学语文教学不可或缺的资源。中学生所学的语文课文大多是散文；小学生初学写作文，散文便是最早的试验田。从某种意义上说，中小学作文教学就是散文教学，主要涉及记叙性散文、抒情性散文和议论性散文。在中考、高考等各类考试中，作文的写作离不开这三类散文，甚至明确规定不可以写成诗歌。可见，散文这一文体在阅读和写作中占据了举足轻重的地位。

　　然而，散文作为一种"回忆性"文体，作者需要丰富的生活经历和厚重的人生体验。散文佳作，自然离不开情感的真挚性和思想的震撼性。因此，书写少年儿童生活和展现少年儿童心灵世界的散文，无外乎两类：一是成年作家回望童年和少年时光；二是少年儿童书写成长中的自己。这两类散文可统称为"少年儿童本位散文"。显而易见，前者数量更大，作品质量更高。事实上，还有相当一部分散文作品，虽然并非以少年儿童为本位，却能被少年儿童理解、接受，能够滋养少年儿童的心灵。

这套丛书遴选了众多散文名家，每人一部作品集。这些作家作品可以分作两类。一类是主要从事儿童文学创作的作家，基于少年儿童本位创作的散文，比如吴然的《白水台看云》、安武林的《安徒生的孤独》、林彦的《星星还在北方》、张国龙的《一里路需要走多久》。另一类是主要创作大众文学的作家，虽不是专为少年儿童创作，却能被少年儿童接受的散文，比如，刘心武的《起点之美》、韩小蕙的《目标始终如一》、刘庆邦的《端灯》、曹旭的《有温度的生活》、王兆胜的《阳光心房》、杨海蒂的《杂花生树》、乔叶的《鲜花课》、林夕的《从身边最近的地方寻找快乐》、辛茜的《鸟儿细语》、张丽钧的《心壤之上，万亩花开》、安宁的《一只蚂蚁爬过春天》、朱鸿的《高考作文的命题与散文写作》、梅洁的《楼兰的忧郁》、裘山山的《相亲相爱的水》、叶倾城的《用三十年等我自己长大》、简默的《指尖花田》、尹传红的《由雪引发的科学实验》。一方面，这些作家的作品皆适合少年儿童阅读；另一方面，这些作家的某些篇章曾出现在中小学生的语文试卷上。因此，可以称他们为"试卷上的作家"。

通观上述作家的散文集，无论是否以少年儿童为本位，都着力观照内心世界，抒发主体情思，崇尚真实、自由、率性的表达。

这些散文集涉及的题材多种多样，大致可分为如下三类：

其一，日常生活类。"叙事型"和"写景状物型"散文即是。铺写"我"的童年、少年生活中真实的人、事、情、景。以记叙为主，抒情与议论点染其间。比如，刘庆邦的《十五岁的少年向往百草园》

以温润的笔触，描摹了"我"在十五岁那年拜谒鲁迅故居的点点滴滴，展现了一个乡村少年对大文豪鲁迅先生的渴慕与敬仰。安武林的《黑豆里的母亲》用简约的文字，勾勒出母亲一生的困苦、卑微和坚忍，字里行间点染着悲悯与痛惜。

其二，情感类。通常所说的"抒情型"散文属此范畴，即由现实生活中的人、事、情、景引发的喜、怒、哀、乐等。以渲染"我"的主体情思为重心，人、事、情、景等是点燃内心真情实感的导火索。比如，梅洁的《童年旧事》饱蘸深情，铺叙了童年的"我"和同班同学阿三彼此的关心。一别数十载，重逢时已物人两非。曾经有着明亮单眼皮眼睛的阿三，已被岁月淘洗成"一个沉静而冷凝的男子汉"。"我"不由得轻唱"成年的阿三不属于我的感情"。辛茜的《花生米》娓娓叙说了父亲为了让"我"能吃到珍贵的花生米，带"我"去朋友家做客，并让"我"独自留宿。一夜小别，父女似久别重逢。得知那家的阿姨并没有给"我"炸花生米吃，父亲欲说还休。多年之后的"我"，回忆起这件事仍旧如鲠在喉。

其三，性情类。"独白型"散文即是。心灵世界辽阔无边，充满了芜杂的景观。事实上，我们往往只能抵达心灵九重天的一隅。在心灵的迷宫中，有多少隐秘、幽微的意识浪花被我们忽略？外部世界再大也总会有边际，心灵世界之大却无法准确找到疆界，如同深邃莫测的时光隧道。每天一睁眼，意识就开始流动、发散，我们是否能够把内心的律动细致入微地记录下来？这必定是高难度写作。如果我们追问个体生命的具体存在状态，每一天的意识流动无疑就是我们存在的最好确证。比如，曹旭的《梦雨》惜字如金，将人的形象和物的意象有机相融，把女性和江南相连缀，物我同一。

尤其是把雨比喻成女孩，"第一次见面，你甚至不必下，我的池塘里已布满你透明的韵律"，空灵、曼妙，蕴藉了唐诗宋词的意味。乔叶的《我是一片瓦》由乡村习见的"瓦"浮想联翩，岁月倥偬，"瓦"已凝结成意象，沉入"我"的血脉，伴随我到天南海北。"瓦"是"我"写作的情结，更是另一个"我"。杨海蒂的《我去地坛，只为能与他相遇》，"我"因为喜欢史铁生的《我与地坛》而一次次去地坛，真真切切地感受史铁生的轮椅和笔触曾触摸过的一草一木。字里行间，漫溢出一个人对另一个人的体恤与爱怜、一位作家对另一位作家的仰望与珍视。或者说，一个作家文字里流淌的真性情，激活了另一个作家的率性和坦荡。

不管是铺写日常生活、表达真挚情感，还是展现率真性情，上述作品大体具有如下审美特征：

其一，真实性。从艺术表现的特质看，散文是最具"个人性"的文体，一切从自我出发。或者说，散文就是写作者的"自叙传"和"内心独白"。这就决定了散文的内容，其人、事、情、景等皆具有真实性，甚至可以一一还原。当然，真实性在散文中呈现的状态是开放、多元的，与虚假、虚构相对抗，尤其体现在表象的真实和心理的真实。不管是客观、物化的真实，还是主观、抽象的心理真实，只要是因"我"的情感涌动而吟唱出的"心底的歌"，就无碍于散文的"真"。散文的真实，大多体现为客观的真实，即"我"亲历（耳闻目睹），"我"所叙述的"场景"实实在在发生过，甚至可以找到见证人。对事件的讲述甚至具有纪实性，与事件相关的人甚至可以与"我"生活中的某人对号入座。叙写的逻辑顺序为："我"看见＋"我"听见＋"我"想到，即"我"的所见、所闻和所感，且多采取"叙述＋抒情＋议论"的表现方式。比如，林彦的《夜别枫桥》，少年的"我"先是遭遇父母离异，而后因病休学，独自客居苏州。那座始终沉默无语的枫桥，见证了"我"在苏州的数百个日日夜夜。那些萍水相逢的过客，给予了"我"终生铭记的真情。

其二，美文性。少年儿童散文通常用美的文字，再现美的生活，营造美的意境，表现美好的人情、人性和人格，是真正的"美文"。比如，吴然的《樱花信》，语言叮当如环佩，景物描写美轮美奂，读来令人神清气爽，齿唇留香。"阳光是那样柔和亮丽，薄薄的，嫩嫩的，从花枝花簇间摇落下来，一晃一晃地偷看我给你写信……饱满的花瓣，那么嫩那么丰润，似乎那绯红的汁液就要滴下来了，滴在我的信笺上了。你尽可以想象此刻圆通山的美丽。空气是清澈的，在一缕淡淡的通明的浅红中，弥漫着花的芬芳……昆明人都来看樱花，都来拜访樱花了！谁要是错过了这个芬芳绚丽的节日，谁都会遗憾，都会觉得生活中缺少了一种情调、一种明亮与温馨……"安宁的《流浪的野草》，文字素面朝天、洗尽铅华，彰显了空灵、曼妙、清丽的情思。"燕麦在高高的坡上，像一株柔弱的树苗，站在风里，注视着我们的村庄。有时，她也会背转过身去，朝着远方眺望。我猜那里是她即将前往的地方。远方有什么呢，除了大片大片的田地，或者蜿蜒曲折的河流，我完全想象不出。"

其三，趣味性。少年儿童生活色彩斑斓，充满了童真、童趣。少年儿童散文不论是写人、记事，还是抒情、言志，皆注重生动活泼、趣味盎然。与此同时，人生中的诸多真谛自然而然地流淌于字里行间，从而使文章具有超越生活的理趣，既提升了文章的境界，又能陶冶阅读者的性情。比如，王兆胜的《名人的胡须》，用瀑布、白云、大扫帚、括弧、燕子等各种事物类比各个名人各具特色的胡须。稀松平常的胡须看似可有可无，却有着不同寻常的意义。古今中外名人与胡须的逸事，读来令人莞尔，幽默、风趣的笔调里蕴含着举重若轻的哲理。张丽钧的《兰花开了18朵》，"我"时常和蝴蝶兰说话，如母亲的斥责，似闺密的呢喃，像恋人的娇嗔，满满的人间情怀里渗透着天然的机趣。"我家这株蝴蝶兰，真真是个慢性子——一簇花，耗费了整整66天的时间，才算是开妥了。从2月24日到5月1日，总共开了18朵花，平均3.67天开一朵。我跟她说：'亲呀亲，你可是我拉扯大的呀，咋这脾性半点儿都不随我呢？这么慢条斯理地开，你是打算把全部春光都占尽了吗？'"

散文创作通常与作者的亲身经历密切相关，尤其注重展现真性情，因此散文抒写的往往是个人的心灵史和情感史。这些散文作品不单是中学生写作的范本，还是教导中学生为人处世的良师益友！

2022 年 10 月 18 日

于北京师范大学

目录 CATALOGUE

试卷作家
真题回顾

一个让人内疚的日子

①这个日子是 1964 年 6 月 22 日。

②第一个感到内疚的人是成都军区测绘大队的一名军官，名叫杜永红。当时他正奉命带领一个作业小组，来到西藏岗巴龙中区的山野里，测量中尼边境线。

③杜永红时年二十四岁，未婚。当然他有未婚妻，但由于长年在野外工作，几乎没时间与未婚妻在一起，故至今未婚。他带领他的作业组在岗巴执行测绘任务已经二十多天了。岗巴地区平均海拔四千米，杜永红病倒了，患了非常可怕的肺水肿。但他不肯休息，坚持上山作业，结果昏倒在山上。同小组的战友们把他抬下了山。他在帐篷里醒来，恢复知觉后的第一感觉就是内疚。他想我是个共产党员，还是个作业组长，怎么能没完成任务就倒下了呢？

④于是为了弥补自己的"过错"，他一刻也没休息，就开始整理当天的资料和图纸。当他终于完成工作想要休息时，才感到自己呼吸十分困难，以至于根本无法入睡。他想，反正躺着也睡不着，不如去站岗，让能睡的同志去睡。他就走出帐篷，换下了站岗的战士。

⑤第二天早上，也就是 6 月 22 日这天早上。杜永红看天色微亮，

叫醒炊事员后他就去睡了。谁也不知道他是怎么坚持到早上的。

⑥这第二位内疚的，就是被替下岗来睡觉的哨兵。事后回想起来他不停地自责道：我为什么要让他替我站岗呢？是的，他是组长，可他也是病人啊！是的，那天我也很累，我的身体也有气无力，可他病得更厉害啊！哨兵因为这样的自责而痛哭不已。

⑦早饭做好后，炊事员把大家叫起来吃饭，叫到杜永红时他有些犹豫了，他知道他天亮才睡下，还知道他在生病。于是他绕过了他。

⑧吃完饭要出发了，杜永红还在睡。一个老同志说，今天咱们就别让组长上山了，让他在家歇一天吧。大家一致同意。他就嘱咐炊事员，千万不要惊醒他，让他好好睡一觉，到中午 11 点时再叫他起来吃饭，免得他又硬撑着上山。炊事员点头答应。

⑨一个上午，帐篷里都静悄悄的。炊事员在准备午饭时十分小心，轻手轻脚的，生怕惊了组长的梦。他知道只要组长醒来，就会不顾一切地上山去。总算到了 11 点，炊事员走到帐篷门口，侧耳听了听，里面一点儿声音也没有。他想组长实在是睡得太香了，他已经很久没这样睡过了。他决定让他再多睡半个小时。

⑩到了 11 点半，太阳老高了，而且暖洋洋的，炊事员想，这下可以叫组长起来了，吃碗热乎乎的面条，再好好晒晒太阳。他的病一定会好起来的。

⑪他走进去，叫他的组长，叫那个叫杜永红的人。但杜永红一动不动，他大声叫，他不动，他用力拍他，他也不动。炊事员预感不好，掀开被子，才发觉他们的组长，他们的战友杜永红，早已僵硬。

⑫这第三位内疚的便是炊事员。他想自己为什么要自作主张地

晚叫他半小时呢，也许早叫半小时还会有救的。尽管后来医生说，杜永红的死亡时间是在早上，他还是内疚不已！他想我竟让他的遗体那么孤孤单单地在帐篷里待了一上午。我该去陪陪他的啊。

⑬炊事员抽噎着说不出话来。组里那位老同志劝慰他说："你不要这样自责，如果怪应该怪我才是，是我叫你不要叫醒他的，是我说让他好好睡一觉的。当然，我不知道他会一觉不醒。如果我知道，我一定不会让他去睡的。哪怕我们轮流给他唱歌，哪怕我们轮流给他讲笑话，哪怕我们再让他去站岗，去工作，我们也坚决不会让他睡的。"

⑭但所有的后悔都已无济于事。杜永红毕竟永远地睡去了。老同志成了第四个内疚的人。他默默地淌着眼泪，领着组里的同志把杜永红仔细地包裹好，放在担架上，抬到岗巴他们的总部去。

⑮抬到半路时，见一匹马卷着尘土飞奔而来。大家一看，原来是大队医生。医生一见担架就想下马抢救，但所有的目光都在告诉他，已经晚了。医生扑在担架上就放声大哭，边哭边说："我来晚了，我该再快一些的！我该昨天晚上就出发的！我就知道是你！我对不起你啊！"

⑯原来，杜永红病倒后，就给大队医生写了封信，他说小组里有人病了，希望医生方便的时候过来看一下。他没说是谁病了，也没说是什么病。他知道医生很忙，进藏后生病的人太多。医生一大早就骑马往这边赶，没想到竟在路上与他的遗体相遇了。

⑰医生怎能不放声大哭。讲到这里，医生已经是第五个感到内疚的人了。

⑱但故事还没有完。杜永红牺牲的消息传到了阿里。当时在那

里工作的另一个测绘小组的组长是杜永红的好友，名叫王玉琨。从拉萨出发前，杜永红曾跟他说，他的未婚妻，最近写信来要和他分手。原因很简单，她总也不能见到他。杜永红有些难过，他跟王玉琨说，他想好好和他聊聊，还想给他看看他未婚妻的信，让他分析一下还有没有挽回的可能。

⑲但他们没有谈成。出发前需要做的准备工作很多，时间实在是不够用。分别时王玉琨对杜永红说："等我们完成了这次任务，一定找机会好好聊聊。"

⑳可没等完成任务，杜永红就牺牲在了岗位上。

㉑王玉琨说："我真是非常后悔，当时无论如何该和他谈谈的，哪怕不睡觉、不吃饭，也该和他谈谈的，让他说说心里的委屈，吐吐感情上的烦恼。我是他最好的朋友啊，可我却让他带着心事走了，他永远也没机会向人诉说了！"

㉒王玉琨讲到这里时，眼圈红了。往事在三十八年之后依然折磨着他的心。

㉓如今他已是年过花甲的人了，他说杜永红如果活着，也该年过花甲了。王玉琨是那个日子的第六个内疚者，也是这个故事的讲述者。

㉔写到他，故事似乎应该结束了。但我忽然想到，这世上还应该有一个为那天感到内疚的人，虽然她和西藏相隔遥远，虽然她对那天一无所知。她应该是第七个内疚的人。她就是杜永红当年的未婚妻。

㉕尽管同为女人，我十分理解她无法承受的孤单和寂寞，但仍是同为女人，我推断她一定会为自己在他临死前提出的分手而深感

内疚。一句分手，让杜永红奔赴黄泉路时是那么孤单。

㉖王玉琨告诉我，杜永红死后并没有被授予什么称号。因为在他们测绘队，因劳累艰苦而牺牲在岗位上的人很多。但我想，有这样一些为他感到内疚的人，就足以让他不死了，他永远活在他们的内疚里。而内疚，也是一种思念。

（有删改）

【重庆市第八中学 2023 届高考适应性月卷（二）语文试题】

▶试 题

1. 下列对文本相关内容和艺术特色的分析鉴赏，不正确的一项是（　　）（3分）

A. "一个让人内疚的日子"是指 1964 年 6 月 22 日。文中塑造了以杜永红为代表的成都军区第一测绘大队的英雄群像。

B. 文中刻画了七位心存内疚的人，除了远在他方的未婚妻的内疚是作者想象出来的，其余六位人物都为杜永红的牺牲真诚地悲痛内疚。

C. 文章使用了第三人称，通过大量的人物心理刻画，展现了他们善良友爱、团结互助以及公而忘私的奉献精神。

D. 王玉琨是故事的讲述者，时隔三十八年他仍内疚于未能在好友离世前和他好好谈谈，使好友最终带着遗憾离开人世，增加了本文的情感力量。

2. 关于文中众人心怀内疚的记叙部分，下列说法不正确的一项是（　　）（3分）

A. 哨兵内疚，是他自责于自己只考虑了自己的劳累于是听从了组长换岗的命令，没有体恤队长抱病的事实。

B. 炊事员内疚，在于他认为是自己导致组长错过了抢救的时间，内疚自己使组长死后在帐篷里孤孤单单。

C. 医生的内疚，在于他明知道生病的人是组长，但是没有连夜赶来，以至于错过了抢救的最后机会。

D. 作者认为"未婚妻"也应内疚，内疚于阴差阳错地她在杜永红牺牲之前提出了分手，让英雄带着无尽的遗憾离开人世。

3. 1982年，中央军委授予成都军区第一测绘大队为"丈量世界屋脊的英雄测绘大队"的称号，请谈谈本文是如何具体塑造杜永红这样一位英雄形象的。（4分）

_____

_____

_____

4. 裘山山是一名女性作家，请分析本文是如何体现出女性作家的细腻、感性的。（6分）

_____

_____

_____

_____

远古飘来的红云 /

①少年时居住的嘉陵江畔有一座缙云山，我去了若干次，却从没想过它因何得名。及至今日，当我要去浙江缙云县，得知缙云县也有一座缙云山，忽然很想弄明白：缙云山为何叫缙云山？

②在网上东寻西看，发现很多有趣的传说。其中一说，黄帝时有缙云氏后裔居此，故名。那时"以云纪事"，故官名都以云命名。青云为春官，缙云为夏官，白云为秋官，黑云为冬官，黄云为中官。这么一推，缙云氏的后裔，很可能是夏官的后裔。

③回头想这五个官名，还真有意思。春天的云可不就是青灰色的吗？荫翳中透着些许明亮。夏天的云可不是红色居多吗？有时候还会出现玫瑰红的晚霞和橘红色的火烧云。秋天可不就是白云居多吗？大团大团的，白如雪。冬天可不就是黑云居多吗？裹着雨夹着雪，密布天空。至于黄云，也许是被龙袍映黄的，想来那中官一定在黄帝身边。

④缙云是红色的云，是热烈而鲜艳的天空。我脑子里留下这么个印象，来到了浙江丽水的缙云县。

⑤一见之下，不由得惊诧。风景优美不出意料，我们住在仙都风景区里，推窗即可见山，还可见山上两个栩栩如生的人形巨石，

8

它们扮着传说中的婆媳。

⑥让我惊讶的是，缙云那么静——并没有预想中的热烈，那种静不是人烟稀少的静，而是一种可以触摸到远古气息、可以感受到岁月长河的静，静默中似乎能听到宋时的鸟鸣、唐时的溪水、明清的集市声。

⑦其实，那时那刻，外面的世界正喧嚣不已：人类首次拍到了神秘的天体"黑洞"、苏丹宣布进入紧急状态、"维基解密"网站创始人阿桑奇在伦敦被捕、"视觉中国"陷入版权泥淖、西安奔驰车主霸气维权……几乎一小时一个热点。只要稍微看两眼手机，立马晕头转向。

⑧可是，当你从手机上抬起头来，却发现眼前的世界与那些热点毫无关系，强大的宁静已屏蔽掉了尘世的所有嘈杂。饱满的菜籽夜以继日地成长，溪水自顾自地慢慢流淌，鸟儿们随心所欲地鸣唱。

⑨这样的静，瞬间缩短了岁月，让我已然置身于几百年前乃至一千年前的田野，仿佛一眼就看到了摩崖石刻的主人，仿佛听到了祠堂传来的孩童读书声，仿佛在路遇见了上山打柴的樵夫……这种种仿佛，让我感觉很惬意，很享受。

⑩尤其是走进那些古镇，徜徉在白墙青瓦之间。各家门前都开满鲜花的干干净净的陇东村，石头城堡般充满原始气息的岩下村，有着千年文化承传的河阳古镇……每到一处，你都随时可以驻足。

⑪特别是河阳古镇，与我以往去过的任何古镇都不一样，让我在心生欢喜的同时，也心生敬意。这敬意并不是源于村口那排气势恢宏的马头墙，也不是来自保留至今的十五座古祠堂、一千五百余

间旧第以及那座出过八位进士的"八士门"——虽然这些都很了不起。

⑫这敬意，是来自家家户户门前那些看似普通的楹联。

⑬辞旧迎新的楹联尚未剥落，纸还是红彤彤的，墨迹还是清晰的，一望而知，这不是统一印刷出来的，而是亲笔手书的。随意读几副，都比我在城里看到的"爆竹声中辞旧岁""神州大地春回暖"有意思多了，也有文化多了：

向阳门第春来早，康乐人家燕去迟。

寻春再睹梅花色，颂岁先闻爆竹声。

花承朝露千葩发，莺感春风百啭鸣。

⑭我一一走过，一一默念，没有一家是重复的，字迹也是各异。有些人家的楹联虽然没那么工整，却生动有趣，能清晰感觉到主人是性情中人：

春早梅开雪生香，笑吟丰年酒一杯。

一派生机阳春有脚，满天异彩浩气腾胸。

⑮还有些人家贴的不是新年对联，而是一些格言佳句，凸显了这家主人的向往和追求：

一脉真传克勤克俭，两行正事惟读惟耕。

种千钟粟足活心田，读万卷书才宽眼界。

⑯限于篇幅，我无法把看到的楹联一一写出，但那些楹联带给我的感动却是那么深刻，如同缙云带给我的宁静一样。我从那些楹联里看到了两个字——文化，那是在不经意间呈现出来的深厚文化。

⑰忽然意识到，所谓文化底蕴，并不一定要靠卷帙浩繁的大部头来堆砌，也不一定要靠穿汉服梳发髻来展示，而往往体现在这些小小的不经意的细节中。就好比一个人的教养并不在于他的学历或文凭，而在于他日常的举动一样。

⑱河阳古镇打动我的正是些随处可见的细节，比如那几座取名为"云锄""掩竹""松台"的门第，那条取名为"答樵"的路，还有这家家户户的楹联。资料上说，宋元两朝，河阳古镇曾出过二十四位诗人，形成了盛极一时的"义阳诗派"。我猜想，这写楹联的，也许就是"义阳诗派"的后人吧？虽然已过去千年，文脉依然清晰可见。

⑲感叹到此，恍然就明白了缙云的那个强大的静源于何处了，正是源于这无处不在的文化底蕴。有了这样的深厚的底蕴，方能挽留住岁月，穿越时空，与古人对话；方能抵御住尘世的纷扰，将珍贵的传统文化保留下来，再传承下去；方能抬起头来，就能看到远古飘来的红云——那红云悄然落在家家户户门前，成为楹联。

（有删改）

【2021年贵州省贵阳市高考语文适应性试卷（一）】

▶试 题

1.下列对本文相关内容和艺术特色的分析鉴赏，不正确的一项是（　　　）（3分）

A.文章前几段写作者在去缙云山之前对"缙云"名字来源的探寻，既丰富了文章内容、增加了文化性，又反映了作者不俗的文化品位。

B.作者一见到缙云县的缙云山便不由得惊诧。这种惊诧不仅在于这里优美的风景和动人的传说，更在于这里的"静"——可以屏蔽掉尘世所有嘈杂的静。

C.作者认为文化底蕴既可彰显在卷帙浩繁的大部头中，也可展示于汉服发髻间，更可体现在门第名、路名、楹联等随处可见的细节里。

D.文章语言典雅，运用反问、排比、比喻等修辞手法及整散结合、错落有致的句式，表达了作者对文化传承的思考，充满浓浓的文化味。

2.浙江丽水缙云的"静"具体表现在哪些方面？请结合文本简要分析。（6分）

_____

_____

_____

3.本文标题"远古飘来的红云"意蕴丰富，你如何理解？（6分）

_____

_____

_____

试卷作家
美文赏练

相亲相爱的水

🌸 **心灵寄语**

> 水自古是温柔的，而温州的水，是美而多情的，是相亲相爱的，让人如此流连忘返。

说来羞愧，作为一个浙江人，我竟然今年才去温州，更羞愧的是，我一直以为温州就是一个经济发达、商业氛围浓厚的城市。毕竟它是改革开放的前沿阵地，民营经济发展的先驱。没想到真的到了温州，我看到的，却是一个亲近大自然的山水之城，不但面向大海，还有大小河流一百五十余条。瓯江、飞云江、鳌江、楠溪江……江江美名传扬。当然还有山，雁荡山、大罗山之外，有仙叠岩、石桅岩、大若岩、灵岩、花岩……光看名字就让人向往。说山清水秀是远远不够的，山不只是清，还俊朗奇美；水不只是秀，还清澈宁静。山环水绕，气候温和，真真是一片上天赐予的美地啊！

尤其是那水，让我深爱。

温州三日，我们一直沿着水走。不是江就是河，不是河就是溪，不是溪就是塘，不是塘就是湿地，不是湿地就是大海。水和水相连，水和水相亲相爱。而我们，也在行走中被水滋润着，激活着。

楠溪江的大名我早已耳闻。往远了说，南朝诗人谢灵运就吟诵过它，以诗歌为它点赞；往近了说，我有几个温州朋友，时常拍摄楠溪江的美图发在朋友圈，大美的风景让我印象深刻。

我猜想它最早是一条溪，渐渐变宽变深，成了江。看介绍说，楠溪江有三十六湾七十二滩，全长一百四十五公里，是典型的河谷地貌景观，物种丰富，群落多样，生态系统保存比较完整丰富，所以它还是世界地质公园。

但一见之下，惊到我的不是它的风景，而是它的水：竟如此清澈！清澈见底！我们在江上坐竹筏，一低头，水下的鹅卵石竟可见到纹路。正逢浅水时节，波平如镜，时宽时窄。但无论宽窄，都清澈如婴孩儿的眼睛。我忍不住说，水怎么可以这么清？它是怎么做到的？

毕竟这江就裸露在天空下，夹在滩林中。我们顺流而下时，还见到了一群群鸭子。江面上时有白鹭飞过，岸边还匍匐着许多善抓鱼虾的鸬鹚；河底有鱼有虾，河边有蛙有虫。据科学家考察，楠溪江水域的两栖类动物十分丰富，多达二十四种。如此繁茂的动物和植物簇拥着它，它竟依然那么清澈。难道它每日三省，在自我净化吗？

彼时夕阳照临，河水如金色的缎带蜿蜒飘动，对我的讶异笑而不语。"叠叠云岚烟树榭，湾湾流水夕阳中。"在那一刻，我与谢公感同身受，穿越千年。

于是我猜想，楠溪江的水，一定是相亲相爱的，因为爱而纯净。

仙岩的梅雨潭，因朱自清而成了网红。一篇《绿》让"梅雨潭"三个字穿出蒙蒙雨雾，在人世间熠熠闪亮。

潭水虽深，观赏却须登高，因为它在大罗山上。大罗山是一座平地拔起的山，处处峻崖陡壁，水源充沛，故形成了很多瀑布潭。其中梅雨潭最有特色。清代潘耒在《游仙岩记》中云："常若梅天细雨，故名梅雨潭。"也许这就是梅雨潭的由来吧。

我们拾级而上，微微喘息时听见了水声，随即眼前一亮，便见到了飞流直下的瀑布和瀑布下那汪碧绿的潭水。"那醉人的绿呀，仿佛一张极大极大的荷叶铺着，满是奇异的绿呀。"是。我默然颔首："朱先生所言极是。"

我们驻足梅雨亭下。此亭为明代少帅温州人张璁所建。亭和潭遥遥相对，我们亦与潭遥遥相对。见瀑布或大声告白，或低声倾诉，都被潭水一一揽入怀中。那潭仿佛一口墨绿色的染缸，雪白的瀑布跌落下去，瞬间就变成了绿色。绿如墨，即使最名贵的翡翠，也无法和它媲美。秋日的阳光热烈而耀眼，仿若在给潭水加持。

想起见过的大瀑布，尼亚加拉大瀑布、黄果树大瀑布，都以"大声喧哗"闻名于世，水声惊天动地，水下汹涌湍急。而梅雨潭，却以安静、低调的姿态独具魅力。我相信每一个来到梅雨潭的人，面对它，都会安静下来。从瀑布声里，聆听最深的静。

如此我猜想，梅雨潭的水，是相亲相爱的水，因为爱而深邃。

我一直以为，一个有湿地的城市是幸福的，天然多了一个肺，多了一个氧吧，将城市之心养育得洁净而富有活力。所以，当到达酒店，拉开窗帘，扑面而来的不是高楼大厦，而是一大片湿地时，我真是惊喜不已，呼吸也顺畅起来。

第二天我们就去湿地游览了，湿地的名字叫三垟湿地。

我们坐在船上，船行在氧吧中。目力所及，都是湿地的孩子：芦苇、菱角、柑橘树、柿子树、美人蕉、白鹭、野鸭，还有看不见的鱼、虾、蛙、虫。那句耳熟能详的"水是生命之源"，在这里得到了最好的诠释。

船上的导游姑娘介绍说，三垟湿地有十三平方公里。湿地内河流纵横交织，密如蛛网，有一百六十多个大小不等形状各异的"岛屿"。我猜想从空中看，一定很美，如一张吐故纳新的绿色网。

我们的船绕岛而行。岛上最醒目的便是柑橘树了，树上已能见到果实，是当地人非常喜爱的瓯柑。据说瓯柑易于保存，初冬季节采摘，可以放到第二年端午再吃，而且那个时候的瓯柑会甜如蜜。

忽然，一棵巨大的树映入眼帘，好似水中撑起一把绿色的巨伞。惊叹中听导游解释说，那是一棵已有二百九十年高龄的香樟。哦，真是大爱。作为一个爱树的人，仿佛得到了意外的馈赠。船近了，看出树是在一个小小的岛屿上。树下有白墙。奇异的是，树的一半是浅绿色，一半是深绿色。这是不同的树种长到了一起，还是同一棵树因为光照不同而改变了颜色？

答案在此时并不重要，重要的是这棵百年老树，它也是湿地的孩子。它让它的母亲更加德高望重了，宽广而深厚。

我猜想，三垟湿地的水，一定相亲相爱的，因为爱而宽厚。

终于看到了大海。

当我们抵达洞头时，水以最壮阔的形态出现在我们眼前。

在水的种种形态中，海水毫无疑问是最深的水、最广阔的水，同时也是最与众不同的水。它对人类的养育与江河湖汊不同。虽然既不能饮用，也不能灌溉，却以它的方式，滋养了数千年人类文明。

所以我对海，始终敬畏。

到了洞头我才知道，中国有十二个海岛县，其中浙江就占了五个。依次看过来，十二个里，我竟然只去过南澳和舟山，现在加上洞头，总算有三个了。

洞头有一百五十座大小不一的岛屿，被称为百岛洞头，也被称为海上花园。我们登上望海楼，一望无际的海风平浪静。忽然想，人们对山，总喜欢它千曲百回，巍峨崎岖；人们对海，则希望它平铺直叙，不动声色。这大概，就源于敬畏。

从大海收回目光，回首，南边是洞头渔港和半屏山；东边是洞头的新老城区；而西面，则是七座跨海大桥。七座！曾几何时，从陆地到洞头，是必须坐船的。现如今，七桥飞架南北，也飞架东西，将洞头与温州连成一体，将温州延伸到了大海之上。

早年的温州，大海是大门。温州人不安于过穷日子，从这里走出去，漂洋过海去打拼。常听人说，世界的每个角落都有温州人，勤劳、聪明、务实、敬业、爱家、抱团。一俟改革开放的春风吹拂，温州人即刻抓住时机，转身回到陆地，大干一场。有了好政策，他们无须再漂洋过海，他们在自己的土地上实现了梦想。

如果说，江河湖汊是母亲，那么大海就是父亲。母亲给了温州人温暖的怀抱，父亲给了温州人坚强的背脊。说到底，它们都是生命之源。不只是人类的生命，还有动物、植物、万物。

离开洞头，我们的车在跨海大桥上疾驰，车如低空飞行般贴着海水。海依然风平浪静，不动声色地为我们送行。或许，不动声色的爱，是最博大的爱。

如此我猜想，大海的水，一定也是相亲相爱的水，因为爱而博大，而精深。

告别温州时，想起了孔子那句名言："智者乐水，仁者乐山。"可不可以反过来说，山让人仁慈，水让人智慧？我认为是可以的。那么，有山有水的温州人，必是聪明而善良了。

如此，我祝愿那些山那些水，永远相亲相爱。山与山相爱，水与水相爱，山与水相爱。山水与人，则相敬如宾。

精彩
——赏析——

本篇文章整体采用对比的手法，将作者对温州的刻板印象，与作者真正到了温州后的所见所感进行对比，突出了温州景色的美丽，以及对温州水的钟爱之情。文中详细描写了楠溪江、梅雨潭、三垟湿地以及大海的景色，并多次运用景色描写，将作者所游览的各地景色形象地呈现在读者眼前，让人仿佛身临其境，不禁惊叹。而且，作者在文章多处运用细节描写和心理描写，将自己对温州美景的赞叹与感悟表达了出来。整篇文章寓情于景，将景色与情感完美融合，既写出了温州水的特点，又抒发了作者对温州水的喜爱之情。

朝拜伟大的纸

纸，不仅承载着历史的演变，还承载着人们浓厚的情感。

我有恋纸癖。看到好纸，会忍不住拿起来摩挲。做编辑时，印刷厂拿来几种纸商议来年用纸，我总忍不住想选最好的，哪怕成本高一点。在宾馆开会，桌子上通常摆放着宾馆信笺，我舍不得在上面做记录，随手记在稿子上，把纸带回家。我的抽屉里攒了许多宾馆信笺，大都很考究，有的雪白，有的米黄，有的光亮如上了釉，有的则压着浅浅的皱纹，凭直觉，都在五十克以上吧。我还存了一些单位早年的稿纸，有十六开的，还有八开的。由于年代久远，纸已经有点儿发脆了，但我还是喜欢放着。偶尔，我会把这些纸拿出来，像女人看珠宝那样欣赏一番。

其实我对纸的感觉始于童年。那时候父亲在铁道兵学院教书，晚上总在台灯下备课，我会向他讨一张纸来趴在一边写写画画。那时就对纸有一种莫名喜欢。父亲对纸很珍惜，正面写过教案，背面就拿来做演算草稿，正反面都用过了，就裁成两张扑克那么大，放在卫生间，让我们如厕用。我蹲厕所时会拿起来看，正面看不懂，反面也看不懂，就揉吧揉吧，用掉。有一天，父亲很喜悦地拿回一张布满细细小格子的坐标纸，他说是从教研室废掉的纸里捡回来的，还有半张好用。父亲说，这可是很好的道林纸。道林纸这个词，就这样进入了我的童年。后来父亲用这张坐标纸，给我和姐姐记录年龄和身高，至今依然在。

等我做了编辑，才知道道林纸就是胶版印刷用纸，因为最早是美国道林公司生产的，故得此名。再后来我又知道了双面胶铜版纸、蒙肯纸等各种好纸，还知道了纸是分类的，比如包装用纸、印刷用纸、办公用纸、工业用纸、生活用纸……加起来有上百种吧。买书时也会发现，纸越来越好了，质地细密，还很轻，越来越让人喜欢了。我做主编时曾规定，所有的纸必须用两面，尤其打印校对稿只能用废纸；寄刊物用的牛皮信封也要翻过来再用。

即使如此，我却从来不知道造纸的过程，或者说，从来没目睹过造纸的过程。作为一个爱纸的人，这是一大遗憾。

终于有了这一天。

这一天我们来到温州瑞安，来到瑞安芳庄，来到芳庄东元村，来到东元村的"六连碓"，去朝拜造纸的遗迹。下雨，山路很滑，我们不得不小心翼翼、一步一步地缓慢前行。这样的行走显得颇为庄重，很符合朝拜的心境。

温州造纸历史悠久，而这个"六连碓"，则是瑞安山区屏纸生产的典型，在宋应星所撰的《天工开物》中就有记载。所谓"六连碓"，简单地说，就是六座顺着山势而建的纸碓房，即生产屏纸的作坊，是目前保存最完整、历史最悠久的造纸作坊，与两千多年前我国的古造纸术紧密相连。

追溯造纸起源，肯定要说到东汉人蔡伦。我们从小就知道蔡伦造纸，却不清楚详情。有个不那么积极的说法，说蔡伦当时造纸，是为了讨好太后邓绥。邓绥是个才女，喜欢写写画画，同时又很节俭，觉得用帛纸太昂贵了，希望能有一种质地好又便宜的纸。蔡伦当时是宫里太监，位居中常侍。他的靠山窦皇后去世了，他急需找到新的靠山。得知邓皇后这个愿望，立即表示愿意去完成这个任务，以至于屈居主管御用器物制作的尚书令一职。为造出纸，蔡伦可谓殚精竭虑，冥思苦想（我觉得还应该加一句"群策群力"，因为当时的皇宫作坊，原本就聚集了天下的能工巧匠）。当然，蔡伦原本就天资聪颖，肯动脑子，他在西汉造纸的基础上，改进技术，采用树皮、麻头、破布、渔网等原材料和新的制作工艺，终于生产出了可以书写的纸。他将造出的纸和奏折一起，呈给了汉和帝。汉和帝龙颜大悦，即封他为龙亭侯，故后人也称那纸为"蔡侯纸"。

虽然蔡伦最终因汉和帝去世、在宫廷斗争中失宠而自杀，但他发明的造纸术却流传下来，一直福泽后人，并沿着丝绸之路传向世界，成为中国四大发明之一。纸的诞生，令人类文明有了质的飞越。

也许蔡伦自己都没意识到，他发明的造纸术有多么伟大。在纸诞生之前，我们的祖先是将文字写在兽骨上，写在树皮上，写在石片上，写在青铜上……再后来有了竹简和木牍，但都是些既稀少也不易携带之物。西汉虽然有了纸的雏形，原材料却是丝帛，成本极高。蔡伦第一个生产出植物纤维纸，让纸有了广阔的来源。所以无论初衷如何，蔡伦都是一位了不起的发明家，是我们的纸神，值得永远铭记。

再说回到芳庄。芳庄的屏纸，在工艺上与蔡伦的古法造纸术一脉相承，始于唐宋年间。只不过他们采用的原材料更为单纯，因居住的地方水多竹茂，故全部用竹子——水竹。据史书载，同一时期的其他地方，皆因地制宜造纸，四川是用麻，北方是用桑皮，沿海地区是用海苔，制作过程也大同小异。

我们细细参观了芳庄屏纸的制作，为表达敬意，我将其过程如实写下：先将水竹斩成一米左右，再劈成指头粗的小条，再用锤子将竹子锤裂晒干，扎成捆，俗称"刷"（竹梢）。这道工序叫"料"。再将"刷"叠排放进石灰塘，压上石块，浸泡三到五个月。这道工序叫"腌刷"。其间还要上下翻动，称为"翻塘"。翻塘很累，且容易引起皮肤溃烂，不得不随时用草药敷着胳膊和手。"刷"沤熟后捞出，用清水浸洗一个月，再晒干。这道工序称为"晒刷"。再将晒好的"刷"放进水碓房的捣臼中，利用水碓将其捣成竹绒。这道工序称为"捣刷"。最后将捣好的竹绒溶进水里，搅拌均匀，再用细竹丝编成的纸帘在浆池中轻轻一荡（捞），滤掉水，便剩下一层薄薄的纸浆膜，重叠起来称为"纸墙"。这道工序叫"捞纸"。其后用三米多的压秤压干纸墙中的水分，切成三节或四节，称为"压纸"。最后是分纸、晒纸、折纸、打捆、包装。

多么不易！整个工艺流程往大处讲至少有八道，往细处讲，得有七十多道甚至上百道。从竹子到纸，至少需要半年以上的时间。

毕竟，它是将一种生命形态，造化成另一种生命形态。

我们沿着山势向上走，虔诚地朝拜了每一个碓房。这碓房，即是其中一道工序"捣刷"的所在地。只见强有力的溪水顺山冲下，带动起木制水轮，水轮再带动起轴木，轴木上镶嵌着大石头，然后"水激轮转，则轴间横木，间打所排碓梢，一起一落春之，即连机碓也"（《晋书》）。原来所谓连碓，就是连续地春，一下一下、不停地捣，捣碎竹梢，直到将竹梢捣成竹绒。说来汗颜，我最初还以为六连碓是六个水碓连在一起的意思呢。

我们一直向上走，从六碓房走到一碓房。其中一个碓房正在作业，那是为了让我们观看而特意作业的。我看到大石头下的竹梢，正在被一下下地捣碎，我却忘了问，一批竹"刷"要捣多长时间才能成绒？我估计，至少需要两天吧，至少需要捣上千下吧？我们还发现，那水轮的设计也很科学。有一根竹子悬在高处，专门用来引水冲刷轴承，以免过热出现故障。劳动人民的智慧随处可见。

上到山顶，再从溪水的另一侧往山下走，一路上，便看到了许多用大石头凿成的浸泡竹梢用的石槽，也叫"石塘"。每个都有小书桌那么大，闲置经年，生满绿苔。但依然能想见当年它们浸满"刷"的蓬勃样子。这座葱绿的山坳，就是一个大大的造纸厂，是一个挨一个的露天车间。再往前，我们终于看到了最后一道工序，捞纸：一个工匠正用极细的竹丝编成的纸帘，从浸泡的竹绒浆池里，轻轻地一捞，滤掉水，便成了一层薄薄的纸浆膜。据介绍这道工艺很考手艺，是决定纸的质量的关键一环。

真是来之不易的纸呀！我心里一遍遍地感叹。

细看那"捞"起来的纸，便是我们通常称其为"马粪纸"的草纸，还无法用来书写，只能做一般生活用纸。若要把它进一步造成可以书写的纸，还不知需要多少道工艺，下多大功夫。

原来，那天天与我相伴、书房里随处可见的纸，那从写第一个字就开始使用、用了几十年的纸，是这样诞生的。其间融入了多少人的智慧，多少人的汗水，还有多少人的生命。回望那葱绿的山坳，就像一个孕育生命的子宫，经年累月，诞生出一张张伟大的纸。

虽然现在屏纸已停止生产，虽然我们有了现代化的造纸工艺，虽然因为电脑输入对纸的需求开始下降，但面对这久远的造纸遗址，我依然心怀敬意、心怀感激。我在细雨中，默默地向这个深藏山坳的造纸作坊致敬，向发明了造纸工艺的先人致敬，向传承了造纸工艺的芳庄人致敬，也向那些为了成为纸而奉献自己的树木、竹子、芦苇、桑、麻、麦秸、棉花、稻草、海苔等所有的植物致敬。你们不仅是纸农的衣食父母，也是我的衣食父母。

如今，造纸业还在不断创新。比如，研究出了用废弃的污泥造纸、用废弃的香蕉秆造纸，这些原料经过新工艺后变废为宝，为我们的纸世界锦上添花，继续为人类造福。

忽然想，为了对得起伟大的纸，我们每个写字的人，都应该好好地练字，以便让自己的字配得上一张张来之不易的纸。

精彩
— 赏析 —

在作者的笔下，纸是非常重要、非常伟大的。整篇文章分为三个部分，第一部分是表达作者对纸的喜爱，第二部分是写作者先参观造纸的过程，第三部分是作者观后有感。作者在第一部分采用了举例子的手法阐述自己对纸的喜爱之情，描述了自己收集各种纸张的各种经历，借此引出想要目睹造纸过程的愿望。第二部分中，作者采用了联想的手法，将造纸术的来历和"我"观摩造纸术的复杂的工艺连在一起，以此表达自己对造纸术的敬意。最后一个部分，作者抒发了自己的情感，对纸张的来之不易做了一个总结，与前文中作者对造纸术的敬意相呼应，并呼吁读者要好好练字，珍惜纸张。整篇文章结构清晰，语言流畅，既描写了自己对纸张的喜爱，又详细描写了造纸的过程，写出了自己心中的所想所感。

在吉安遇见文天祥

🌷**心灵寄语**

> 人生自古谁无死，留取丹心照汗青。
>
> ——文天祥

在我们这个古老的诗歌国度，很多地名一直在诗歌里熠熠生辉，比如"故人西辞黄鹤楼，烟花三月下扬州""羌笛何须怨杨柳，春风不度玉门关""峨眉山月半轮秋，影入平羌江水流"，俯拾皆是；还有很多人名是乘着诗歌的翅膀代代相传的。且不说李杜，你一读到"慈母手中线，游子身上衣"就会想到孟郊，一读到"两情若是久长时，又岂在朝朝暮暮"就会想到秦观，一读到"少小离乡老大回，乡音未改鬓毛衰"就会想到贺知章，等等。这样的诗句，几乎成了诗人的 logo（标志）。

如此，一说到吉安，我脑子里就冒出了那句豪情万丈的"十万工农下吉安"；一说到文天祥，我脑子里则冒出了那句大义凛然的"留取丹心照汗青"。前者是革命根据地，后者是民族英雄，他们的名字都和诗一起，在我脑海里打下了深深的烙印。

可是，真的来到吉安，真的在吉安遇见了文天祥，我才发现，我从诗歌中得来的认知，还是太单一了。行走数日，在吉安这片神奇的土地上，我的认知被一次次地刷新，而这样的刷新，是让人愉悦，让人振奋的。

先说吉安，毛泽东的那首《减字花木兰·广昌路上》可谓气势磅礴："漫天皆白，雪里行军情更迫。"句句都透出革命根据地艰苦卓绝的斗争。我们都知道，当年毛泽东和朱德就是由此地登上井冈山的，"风雷动，旌旗奋，是人寰"。在如火如荼的革命斗争中，英雄辈出。可是真的来到吉安，我才意外得知：吉安不仅是革命根据地，还是个科举强府；它不仅出英雄，它还出读书人，出秀才。

在吉水进士文化园，我吃惊地发现，也是孤陋寡闻地发现，吉安在历史上曾以三千进士享誉天下。三千进士之上，还有十七个状元！数量之多，超过了很多省的总数，难怪被称为"状元之乡"。吉安能成为状元之乡，得益于吉安对办学的重视，在官府办学之外，有乡绅办学、商人办学、都坊办学。曾经的吉安，书院林立，有白鹭洲书院、崇德书院、兴仁书院、双江书院、连奎书院、元培书院等，数不胜数；有时候一个村子会有好几个书院。我在惊讶之余，充满了敬佩。

而吉安的十七位状元里，就有文天祥。

又一个大大的意外击中了我，原来文天祥不只是民族英雄，还是个学霸。以前读书时，也学过文天祥事迹，其中应该有其考取状元的记载，可我只记住了他宁死不降的壮举，只记住了《过零丁洋》

一诗中的："人生自古谁无死，留取丹心照汗青。"也许是因为他作为民族英雄的光环太亮了，而淹没了其他。

在吉安，我们循着文天祥的足迹走。离开吉水来到青原，青原是文天祥的出生地，文家老宅虽已不复存在，但门前的大樟树依然郁郁葱葱；我们又从青原来到白鹭洲书院，这里曾是少年文天祥求学的地方，至今依然在办学；我们又从白鹭洲书院来到吉州窑，这里曾是文天祥率义军抗元的地方，曾有数万窑工追随他加入战斗。

在吉安，处处能遇见文天祥，时时能听到他的故事，人人都为他感到骄傲。我在心里不断发出惊叹：原来文天祥的祖籍是成都，是四川人；原来文天祥是在杭州考取状元的，也是在杭州起兵勤王的；原来文天祥是个帅哥，身材魁梧，相貌堂堂；原来文天祥是个孝子，考取状元后，因父亲去世，放弃仕途回家守孝三年；原来文天祥是个慈父，育有两个儿子和四个女儿，遗憾的是，由于战乱，两个儿子皆在少年时夭折；原来文天祥因刚直不阿，曾三遭贬黜，但初心不改；原来文天祥是在广东海丰被捕，于北京菜市口就义的，年仅四十七岁……

无数个"原来如此"，在我心里勾勒出一个完整的鲜活的伟岸的文天祥。

文天祥自幼聪慧好学，且志向高远。在饱读诗书的老父亲的熏陶下，他考取功名的道路一直很顺。县试、府试、院试、乡试、会试，一路考上来，没被拦住过。二十一岁那年（1256），在父亲的带领下，他和弟弟文璧远赴杭州，去当时的南宋首都杭州（临安）

参加殿试。考试那天他不巧生病了，发高烧，但依然发挥出色。以"法天不息"为主题，没打草稿，就洋洋洒洒地写了一万多字，有理有据，切中时弊，还建议皇帝严肃纲纪，整饬吏治，听取公论，奖励直言。

即使放到今天看，文天祥的那份试卷《御试策》，也是一篇极为优秀的论文，有思想，有文采，有激情，还有胆魄。当时的皇帝宋理宗阅卷后大为赞叹，在得知考生名叫文天祥时，高兴地说："天祥者，宋之瑞也！"然后皇帝拿起朱笔在卷子上写了"第一甲第一名"六个字。

真是响当当的状元！我在博物馆看到一幅图，图上的文天祥披红挂彩，头插金花，打马游街，临安城万人空巷，人们争睹这位庐陵才子。这样的画面让我感到陌生，也让我心生欢喜。

文天祥虽满腹经纶，却不迂腐。虽英勇善战，却不粗鄙。他在一辈子率兵打仗出生入死的同时，竟留下了一千余首诗词，可以毫无愧色地站在诗人的行列。除了我们耳熟能详的《过零丁洋》和《正气歌》之外，他还写了非常多的古典诗词。

浏览他的诗作，会发现他的诗风在不断变化。早期，在还没有经历过太多沧桑，即使罢免回家，他也登高望远，下棋垂钓，故写了很多风月词："两两渔舟摇下，双双紫燕飞回。流水白云芳草，清风明月苍苔。""去年尚忆桃红处，好景重逢橘绿时。"当然，也偶有抑郁不平之作："桑弧未了男子事，何能局促甘囚山。"

后来受尽磨难，九死一生，他的诗风大为改变。尤其是元军入侵之后，他虽满腔热血，却也无力回天。当兵临城下，朝廷内投降求和派占了主流，强行解散了他的抗元义军时，他拿着解散令放声大哭，挥笔写下五绝："只把初心看，休将近事论。誓为天出力，疑有鬼迷魂。明月夜推枕，春风昼闭门。故人万山外，俯仰向谁言。"之后，他与朝廷众官皆陷入敌营，被拘北上时，他写下了："男子铁心无地着，故人血泪向天流。"这样悲愤交集的诗句。再之后，他重新率兵抗元，征战途中写下了"但令身未死，随力报乾坤"，以及"臣心一片磁针石，不指南方不肯休"这样忠心耿耿的诗句。当再次身陷囹圄，有朋友不顾安危来看他时，他写下了"白骨丛中过一春，东将入海避风尘。姓名变尽形容改，犹有天涯相识人"这样百感交集的诗作。"白骨丛中过一春"七字，足以呈现出他所经历的生死磨难。可以说，他后期的每首诗都渗透着从心底流出的血。

想当年宋理宗阅完文天祥试卷后大笑说："天祥者，宋之瑞也！"虽然文天祥终其一生拯救大宋，依然没能阻止宋的灭亡，我仍想说，他依然是"宋之瑞也"，而且是我们整个中华民族的祥瑞。他为官清廉刚正，一次次被贬黜，数度沉浮。可是一旦国家遭难，依然不顾一切地站出来，散尽家财，招募士卒勤王。第一次被捕后，历尽艰辛逃脱，仍没有躲回老家保命，而是再次聚兵抗元，征战在江西、福建、广东数地，以至于再次被捕。

文天祥再次被捕后，深知已无力回天，便以绝食明志。元军知道他是个声名赫赫的统领，不让他死，又想让他投降归顺，就用竹片撬开他的嘴，用竹筒强行灌食，以至于每顿饭都鲜血淋漓。为了让他下跪，元兵打伤他的膝盖，他依然凛然不屈。他在狱中写下了浩气长存的《正气歌》："当其贯日月，生死安足论。""顾此耿耿在，仰视浮云白。"当他被元军囚禁在船上漂过零丁洋时，他便写下了那首著名的《过零丁洋》：

辛苦遭逢起一经，干戈寥落四周星。

山河破碎风飘絮，身世浮沉雨打萍。

惶恐滩头说惶恐，零丁洋里叹零丁。

人生自古谁无死？留取丹心照汗青。

元军统领忽必烈对这位宁死不屈的大臣也是心怀敬佩，不忍杀，曾召见他说："你若回心转意，效忠于我，我就把中书省宰相的位置给你。"文天祥断然拒绝，简洁明确地回复说："愿赐我一死就满足了。"行刑前，文天祥朝南跪拜，凛然慨叹："大宋遗臣文天祥，报答国家到此为止。"他死后，狱卒在他的衣带上发现了遗书：

吾位居将相，不能救社稷，正天下，军败国辱，为囚虏，其当死久矣。倾被执以来，欲引决而无间，今天与之机，谨南向百拜以死。其赞曰：孔曰成仁，孟曰取义，惟其义尽，所以仁至。读圣贤书，所学何事？而今而后，庶几无愧！宋丞相文天祥绝笔。

这简洁而明快的遗书，让我们看到了一个学养深厚的文天祥、一个激情满怀的文天祥、一个铁骨铮铮的文天祥。

所以，当我在吉安遇见一个作为状元的文天祥、一个作为诗人的文天祥、一个作为清官的文天祥、一个作为普通人的文天祥时，最让我感动不已的，还是那个作为民族英雄的文天祥。在中国，状元虽少，也有五百余位，而文天祥，只有一个。

精彩
—赏析——

　　本篇文章以游记的形式，通过作者在吉安一路探寻关于文天祥的史料，展现了文天祥在不同身份下的光彩，浓墨重彩地讴歌了其作为民族英雄的精神气质。文章首段通过举例的方式表明"诗句是诗人的 logo（标志）"，并借此引出下文：在吉安遇见文天祥。文天祥的故乡——吉安，不仅是革命根据地，英雄辈出，而且非常重视教育，人才辈出，引出"吉安状元"文天祥。随后，文中大量引用文天祥在不同时期以不同身份所创作的诗句，展现了文天祥的一生。文章结尾是整篇文章的点睛之笔，表达了作者对文天祥作为民族英雄铮铮铁骨的赞叹。本篇文章以独到的视角和出人意料的见地讲述了文天祥，集中体现出作家的个性风格。

百年前的一株兰

　　在浙江兰溪，一个叫蒋畈的静谧村落，我见到一位女先生，她的名字叫王春翠。我没和她握手，因为她高高地站在白墙上，我只能仰视。照片上的她，白发如雪，却并不显老态，身板笔直，面容平静温和。她的身边，是一位更年长的老妪，她的婆母刘香梅。从时间推断，拍这张照片时，她已经和丈夫曹聚仁分开很多年了，也就是说，婆母已经是前婆母了。但仅看照片，她们依然像一对母女。

　　之所以称王春翠为女先生，不仅是因为她是老师，她是校长，她是作家，更因为她在百年前的乡村教书育人，传播文明。她生于1903年，还裹着小脚，所以她的另一个称呼是"小脚先生"。

　　起初她并没有引起我的注意，因为我们去的蒋畈村被称为"曹聚仁故里"，而她，只是曹聚仁的前妻。

　　曹聚仁，民国时期的著名学者，亦是教授、作家、报人和社会活动家，留有很多价值不菲的学术著作。1950 年赴香港后，他为两岸的友好交流做出过重要贡献，多次被毛泽东、周恩来、陈毅等领导人接见，以爱国人士著称。故蒋畈村是以他为傲的。

他的父亲曹梦岐，也是大名鼎鼎。清末最后一科秀才。20 世纪初，曹梦岐赴杭州应乡试，虽名落孙山，却带回了康有为、梁启超的维新变法思想，从此决心远离功名，以教育救国，将启民智、开风化作为己任，立志要培育一批能改变社会风气的人才。1902 年春，曹梦岐倾尽私财，以祖屋为校舍，创办了育才学堂。校名之意，取自孟子的"得天下英才而教育之"。他自任校长，并兼教国文、修身，倡导学做兼修，知行并进。从此一个愚昧落后的穷乡僻壤，被带向了时代的前列。蒋畈有幸。须知在一个穷困之地办学育人，是精神上的开仓赈粮，是最大的慈善。曹梦岐功不可没。

在赫赫有名的曹家，出现了王春翠，不过是多了一名曹氏。而王春翠走进曹家，也是源于育才学堂。育才学堂很开明，男女生兼收，于是王春翠便成了曹聚仁的学妹。曹梦岐有三个儿子一个女儿，个个都聪慧好学。其中，二儿子曹聚仁，天生聪颖，悟性极高，四岁便念完了《大学》《中庸》，五岁便念完了《论语》《孟子》。十一岁就在育才小学任文史课教师了，人称"小先生"。"小先生"第一次见到王春翠，就喜欢上了她。

在曹家留下的老照片里，我没能看到王春翠早年的样子。据乡间传闻，她生得眉清目秀，且十分聪慧。这一点，从晚年的照片里可以看出。当年，两个少年是在村旁的通州桥上初相逢的。之后，他们就常去桥上"偶遇"，开心地谈天说地，或者静默地看着江水流淌。

我有幸走上了通州桥。很古朴的一座廊桥，平静的江水从桥下缓缓流过，桥头有一棵巨大的梓树，看上去像香樟，但树干上挂的牌子明确写着梓树，还写着它已有两百多岁了。那么，这棵梓树，是见证过曹聚仁和王春翠的爱情的。两个情窦初开的少男少女，一个十五岁，一个十二岁，美好而又单纯，单纯而又热烈。

曹王两家都很乐意达成这门婚事，于是他们俩早早就订了婚。之后，曹聚仁考入浙江省立师范学校，1921年学成毕业后，回到老家和王春翠举办了婚礼。有情人终成眷属。

王春翠做了赫赫有名的曹家媳妇后，并没有开始阔太太的生活，而是继续求学，毕竟她才十七岁。开明的曹家也没有将她拴在灶台边，支持她继续念书。她考上了浙江省立女子师范学校，是当时县里第一个女师范生。她前往杭州读书。与此同时，曹聚仁前往上海爱国女中教书，两人开始了异地分居的生活。

曹聚仁到上海后，其聪明才智得到了极大的发挥。他在教书的同时搞研究、写作、办刊物，创办了《涛声》《芒种》等刊物，为《社会日报》写社论，为《申报》副刊《自由谈》撰稿，还因为整理章太炎先生的《国学概论》而成为章太炎的入室弟子，与鲁迅先生也交往甚密。一时间，曹聚仁成为上海文化界的活跃人物。

最初，分居两地的曹聚仁和王春翠信件往来频繁，互诉衷肠，互相交流学习和思想。但渐渐的，曹聚仁的信愈来愈少，也越来越短了。王春翠敏感地意识到他们的婚姻有了危机。丈夫是如此的年轻英俊、才华横溢，又在女中当老师，没有诱惑是不可能的。王春翠决意放弃学业，奔赴上海挽救婚姻。到达上海后，她的隐忧被证实了。但她不吵不闹，一如平常地用心照顾丈夫的日常起居，并协助丈夫创办《涛声》杂志，做校对，搞发行。与此同时，她努力开辟自己的事业，在上海暨南大学师范附小任教，也开始写作。处女作《我的母亲》，发表于《申报自由谈》副刊。

王春翠的贤淑和才华，打动了曹聚仁，曹聚仁辞去女中职务，夫妻二人和好如初。1926 年，他们终于有了一个可爱的女儿，取名曹雯。女儿的出生给他们带来了巨大的喜悦，他们对这个孩子倾注了全部的疼爱。在一张老照片上，我看到曹聚仁抱着曹雯。小姑娘非常可爱，大大的眼睛、高高的鼻梁、白皙的皮肤，如同一个小天使。

不幸的是，1932 年日军入侵上海，曹聚仁在上海郊区的家被摧毁，什物书籍，荡然一空。女儿在躲避战火的途中病倒，由于交通不便，良医难寻，最后不幸夭折。六岁女儿的离世，对夫妻二人打击巨大，王春翠一时间心如死灰，曹聚仁也觉得如同世界末日到来。他痛哭道："好似天地都到了末日，我这一生，也就这么完蛋了。"

承受着无边悲痛的王春翠，靠写作疗伤。她写下了《雯女的影子》一文，发表于《芒种》杂志。1934 年，她又完成了散文集《竹叶集》，书名是鲁迅先生亲自选定的，曹聚仁为她作了序。1935 年10 月，她还以谢燕子为笔名，编著出版了《戏曲甲选》。

繁忙的工作和写作，渐渐抚平了王春翠的伤痛。她又燃起希望，她觉得自己和丈夫还年轻，还会再有孩子的。不料，他们的婚姻再次出现危机。这一次，王春翠心灰意冷，没再做任何努力。她孤身一人离开上海，回到了兰溪老家蒋畈村。

王春翠回到蒋畈村，回到了曹家。毕竟她还是曹家的媳妇。她尽力照顾曹聚仁的父母，更重要的是，她接手了育才学堂，当了女校长。此时，育才学堂的创始人曹梦岐先生，早已离开了人世。他的长子曹聚德和三子曹聚义，先后接任过校长，又先后因为参加抗战而离开。

王春翠接手育才学校后，满腔的热情喷薄而出，首先提出减免学杂费，动员农家子女就学。她迈动着一双小脚在乡村中奔走，呼吁。她一分钱不拿，毫无杂念地办学，将乡村教育视为生命。

抗战爆发后，为唤醒民众的抗战意识，提高国民的救国热忱，王春翠组建了"育才小学剧团"，自编自导了《黄河大合唱》《我们在太行山上》等节目，去各地开展抗日演出。1938年秋，他们在晒谷场演出了抗战话剧《一片爱国心》，引起强烈反响。当局要求他们摘下"救亡"横幅，遭到王春翠严厉拒绝。她还创办了《育才学刊》（两百余期），传播文明，宣传抗战，影响甚广。

与此同时，再婚后的曹聚仁也没有沉溺在小日子里，而是继续从事他的学术研究和文化事业。1937年，淞沪抗战爆发后，曹聚仁"脱下长袍，穿起短装，奔赴战场"，拿起笔做刀枪，写下了大量的战地新闻、人物通讯和杂感，部分内容还被编入战时教科书中。我们在电影《八佰》里看到的那位深入四行仓库保卫战的记者，就是以他为原型塑造的。由于他对淞沪战场的出色报道，被聘为战地特派记者。抗战胜利后，他获得了政府颁发的"云麾胜利勋章"。

夫妻二人虽然分开了，却没有背道而驰，成了抗日战场上的战友，以各自不同的方式，在中华民族最危难的时刻贡献着自己的青春和热血。这应该是我们看到的最好的结局。

尤其是王春翠，离异并没有让她变得愁苦脆弱，她像一名勇敢的战士，投入到战斗中。1940年春，为避日军侵袭轰炸，王春翠带领师生们隐蔽到山林中继续上课。1942年5月，日军入侵浙东，山林里的学校被日军炸毁，他们不得不停课。但第二年稍有安宁，她又立即让学校复课了。复课之时，适逢育才小学建校四十周年，她组织学校大庆三天，以提振师生士气。但好景不长，1944夏，日军飞机再次轰炸，育才校舍又一次被夷为平地。王春翠依然不放弃，她借用祠堂、庙宇及闲房等继续办学，以锲而不舍的精神做"小脚先生"。

抗日胜利后，王春翠马上着手重振育才小学。而且她还发愿，要在原来的基础上扩大校舍，增设中学部。为此她四处募捐，筹款，并写信给曹聚仁请求支持。其实这也是曹梦岐老先生的夙愿，曹梦岐在世时就一直想办中学部，故曹聚仁等曹家兄妹都很支持。他们联络当地名流，建立育才中学校董事会，筹措经费，用以创立育才初级中学。1947年，育才学园终于恢复了，小学部和中学部同时开课。曹聚德任中学校长，王春翠任小学校长。

我从育才学校的历史沿革中看到，王春翠自回到故乡接手育才学校后，没有过一天安生日子，但也没有停止过一天办学。她让读书声穿越贫困，穿越战火，在山区乡村回响。最重要的是，她在这漫长的艰苦卓绝的岁月里，完成了她从曹氏到王春翠的转换，成长为她自己，一个大写的女人。

育才学校停办（合并）后，王春翠回归乡野，做回了农妇。在蒋畈村乡亲们的记忆里，晚年的她时常独自坐在门前，白发在风中飘拂。但凡有孩子路过，她总会问及他们的学业。闲暇时，她还主动教左邻右舍的孩子认字读书，并告诉他们，没有文化哪里都去不了。可是那么好一个人，在那个非常年月里依然被迫害。所幸，改革开放后她重新得到尊重，担任了兰溪政协委员，写下不少回忆文章，如《我的丈夫曹聚仁》《回忆鲁迅》等。1987 年病逝，归葬蒋畈墓园。

我久久地看着王春翠那张白发如雪的照片，在心中穿越百年时空向她致敬。我在她的脸上看不到愁苦，看到的只有温和平静，以及平静下的坚毅。她一生致力办学，一生都在坚持求真知，立真人的"蒋畈精神"。任育才学校校长期间，她八年不拿薪水；改成公立学校后，她便将所得工资薪金，全部用来给学生做奖学金。她把自己的整个生命都给了乡村教育事业，她因此被乡邻们尊称为"王大先生"。

王大先生，多么响亮的称谓！从"小脚先生"到"王大先生"，从曹王氏到王春翠，她的生命开出了馨香的花朵，犹如山涧的一株兰，虽然没有艳丽的色彩，没有浓烈的香气，也没有如雷贯耳的大名——倘若不是走进蒋畈村，我可能永远不会知道她。但她的馨香，永留人间。

所谓流芳百世，便是如此吧。

精彩
—赏析——

　　本篇文章多采用直接描写的手法，叙述了王春翠的一生。王春翠是曹聚仁的前妻，是一位伟大的女性，也是女校长，她把自己的后半生奉献给了乡村教育，在战乱时期勇敢接过了教育重任，为唤醒民众的抗战意识而奋斗，完成了从"小脚先生"到"王大先生"、从曹王氏到王春翠的蜕变。她生于乱世，经历了感情破裂，但她并没有就此消沉，仍然不忘初心，坚守在教育第一线，为教育事业添砖加瓦。作者在文中以自己的第一视角讲述王春翠一生的事迹，令人物如在目前，仿佛走入了王春翠的生命。文章深深表达了作者对王春翠的敬佩之意。

黑陶一样的眼睛

🌸 心灵寄语

烟火琉璃中，一场酣畅淋漓的远古之梦。

在见到伍映方之前，我对黑陶一无所知，对靖窑更是一无所知。所以，当我来到靖安，走进伍氏靖窑时，人是懵懂的。即使跟着众人看了一圈儿作品下来，赞美归赞美，心里并没留下太深的刻痕。

但是，当我们坐下来，和靖窑主人伍映方先生面对面时，我却猛然被打动了，被他的一双眼睛打动了，准确地说，是眼神。我发现在整个交流过程中，无论是别人说话，还是他自己说话，他的眼神都是凝聚的，沉静的，从不东张西望，或者扫来扫去。虽然面带微笑，一双眼却目不转睛地盯着某处，似乎那里有我们看不到，只有他能看到的东西。细细琢磨，那眼神里有深邃、坚韧、执着；有内敛、宁静、思索；有谦逊、感恩、平和，还有激情、梦想、灵动。

这样的眼神，该怎么形容呢？

也许只能用黑陶来形容。

我试着走进黑陶的历史，才知道它是如此悠远漫长。

陶器几乎是与人类共生的，从目前的考古发现，至少已有两万年的历史了。而黑陶，出现得也相当早，大约在中国的新石器时代。某词典上说：表里、胎质均呈黑色的陶器，称为黑陶。由于黑陶制作技术复杂，烧制难度大，已失传三千多年。

2010 年 10 月，江西靖安的老虎墩遗址，出土了一件令考古专家惊喜万分的文物——蛋壳黑陶瓠。这一黑陶器物距今已有四千五百年，被国际考古界誉为"四千年前地球文明最精致之制作"。它胎质细腻，胎体极薄，表面还抹有一层薄薄的黑衣，胎体厚度仅一毫米左右，故以蛋壳喻之。

这一发现，不仅震惊了考古界，也震惊了伍映方。

当伍映方面对那一尊尊"薄如纸、硬如瓷、声如磬、亮如漆"的蛋壳黑陶瓠时，不仅仅是震撼，还有激动，还有自豪，还有钦佩，还有羡慕。那么精良的制作、那么优美的线条、那么明亮的色泽、那么规整的造型，即使在具有先进设备和成熟制陶技艺的今天，也难以完全复制。他简直无法想象，几千年前的陶艺同行，几千年前的靖安人，是怎样靠一双手烧制出来的。

在震撼敬佩之后，他的"野心"怦然萌动：我要解开这个谜团。我要向古人学习，也用靖安本地的原材料，也用纯手工制作，也用柴窑烧制，来恢复黑陶制作技艺，原封原样的复制出老虎墩蛋壳黑陶瓠来。我要让黑陶的色泽之美、造型之美、装饰之美，在中国重放异彩。

伍映方的父亲就是一位老陶艺人，十三岁学艺，心灵手巧，制陶的工序样样精通，是多家陶瓷厂的技术骨干。因工作太忙，他把伍映方兄妹三人，交给乡下的母亲抚养。

伍映方三岁那年，乡下传闻要发生大地震，一时间人心惶惶，奶奶非常担心，连忙让儿子把孙子接走。父亲只好将七岁的哥哥和三岁的他带到陶瓷厂。到厂里后，七岁的哥哥上学去了，三岁的他只能跟着父亲去上班。

他就这样开始了与陶艺的缘分。在满是大人的世界里，伍映方丝毫不感到无聊，那些泥巴和坯胎让他感到亲切，那窑里的火让他兴奋。他惊奇地发现，这里的泥巴和乡下的泥巴不一样，这里的泥巴遇见火时，就会变成漂亮的陶器瓷器。这让他非常着迷。他每天乐此不疲地捏泥巴，一双小手在与泥巴的亲密接触中，变得灵动巧妙。到六七岁时，他已经会拉坯陶罐了。

就在他读高二时，家里发生了一件大事：江西靖安县香田乡政府为了改进并提高本乡的陶瓷厂工艺技术，将他的父亲伍先崇，作为技术人才，引进到了香田陶瓷厂。一年后，香田陶瓷厂的产品质量显著提升，政府便提出让他们全家迁到靖安。

一到靖安，伍映方就正式向父亲提出了学习制作陶器的想法。一来，他看到父亲接下了让靖窑重放异彩的艰巨任务，想参与其中；二来，当时他们家孩子多，经济拮据，他也想分担。

起初父亲坚决不同意。父亲觉得，自己一辈子就是个手艺人，儿子不应再做手艺人了。若去读大学，毕业后谋个公职，那不是比手艺人更荣耀更体面吗？但伍映方说："如果你非要我上大学，那等我毕业了，还是要回来跟你学陶。"父亲沉思良久，终于说："好吧，你想清楚了。如果真的要跟我学，就必须学好，学出个样子来，不能给我丢脸。"

父亲的这几句重话，非但没让伍映方退缩，反而更激发了他的干劲儿。他发愿一定要学出个样子来，不但不给父亲丢脸，还要争光。

他眼里那种坚韧的光，就是从那时开始闪现的。

此后，伍映方全身心地走进了陶瓷世界。他用十年时间，从父亲那里学到了传统陶瓷制作的各项技能，点点滴滴都不漏。而立之年，他已经把自己锻造成一个合格的陶艺师了。陶瓷制作的十八般武艺，七十二道工序，从挛窑，淘土，拉坯，成形，装饰，上釉，烧制，他全都熟练掌握，操作自如了。用他朋友的话来说，就是"你只要给他一盒火柴，把他放到山上去，他就能创作出陶瓷作品来"。

伍映方徜徉在陶瓷的世界里，尝试制作各种各样的器皿，各种颜色的釉瓷一一试过。他也全国各地去跑，有好窑的地方一一看过。各种技法，各种器皿也都一一学过。他的技艺提高很快，做出来陶瓷也很受欢迎。

但不知怎么，他却感到迷茫，有点儿找不到方向。自己到底想要什么？难道就这样和大家一样，去做一些适应市场的产品，或者去拿几个奖，评几个大师头衔吗？

他觉得那不是他想要的，不是他的梦想。他不想做工艺品，他要做艺术品。二者虽然一字之差，在他心里却是天差地别。

他的眼里闪着梦想的光。

幸运的是，他认识了一位叫单庆华的朋友，单庆华的文化修养、艺术眼界都让他钦佩，他便拜单庆华为师。单庆华看出了伍映方的迷茫，提议他静下心来读读书。单庆华给他推荐了李泽厚的书，宗白华的书，还给他推荐了《老子》《庄子》《诗经》等国学经典。

伍映方就在他的陶瓷作坊里读起书来。书读得越多，伍映方越觉得自己需要学习的东西太多，也越觉得自己的作品不理想。当下那些陶器，还远不是他想要的作品。

直到靖安黑陶的出现。老虎墩出土的蛋壳黑陶瓿，极大地震惊了伍映方。虽然此前他对古陶瓷也有所研究，但主要是在宋代黑釉瓷领域。比如，黑釉油滴、黑釉兔毫、黑釉虎斑玳瑁、黑釉木叶天目剪纸贴花、窑变等。虽然也有突破，但依然停留在硅酸盐化工原料配方的层面。面对蛋壳黑陶，他才知道，自己以前的做法不是古法，是现代工艺。几千年前的古人，完全是凭柴烧，凭手工，做出了那么精美的蛋壳黑陶瓿。

伍映方终于知道自己想做什么了。

最开始，伍映方充满了信心。他想，几千年前的古人，在那么简陋的条件下都能做出蛋壳黑陶瓿，现在的条件如此之好，自己的手艺也已经娴熟，重新烧制出蛋壳黑陶瓿应该问题不大吧？

没想到真正做起来，才发现实在是太难了。黑陶制作技艺已断代了几千年，没有任何资料可循。要想复制成功，只能硬着头皮不断做实验，采用倒推法一步步地走，也就是否定之否定，从一次次的失败中爬起来。

首先需要攻克的难关是拉修薄坯。所谓蛋壳黑陶瓿，就是薄如蛋壳的黑陶瓿，黑陶瓿最薄处 0.2mm 左右，像是蛋壳里的那层膜。

伍映方婉拒所有的访客，将自己关在工作间里，夜以继日地苦练拉坯。饿了，妻子将饭送到工作间；困了，就把椅子拼到一起躺一会儿。他像着了魔一般，反反复复地拉坯、修坯，再拉坯，再修坯……他的手越来越巧：厚度由 1mm 到 0.9mm、0.8mm……他不是在拉坯，他是在挑战极限。

终于，经过数月的努力，伍映方攻下了拉坯这道难关，他可以娴熟地拉出 1mm 以内的薄胎了，最薄处仅 0.2mm。

之后是拏窑，之后是装窑，再之后，剩最后一个难题了，也是最大的难题了：烧窑。

经过几十年苦练，伍映方对窑火风向和温度的把握，已经到了炉火纯青的程度。俗话说"三年出一个状元，十年出一个窑火师"，可见掌握窑火的温度多么不易。温度相差几度，时间相差几分，烧出来的作品就完全不同。而柴烧就更难了，火候的把握，全靠人的判断。

很多人都劝伍映方改用电烧或是气烧，出品率高，没那么辛苦，也不愁卖不出去，可他毫不动心。他明白，柴烧不确定的气氛，以及剧烈的升降温，对釉面及坯体产生影响，而烧成的作品，其温润、内敛、自然之美，是升温相对恒定的电气窑无法达到的，特别是瞬间产生的特殊窑变，非柴窑烧成不可。

更何况在他心中，那团火是那样的迷人，那样的神奇。不仅是燃烧薪柴，更是人与窑的对话、火与土的共舞。柴烧作品拥有的浑厚内敛的质感，其"火痕"与"灰釉"所构成的自然美妙的纹路，是人工永远无法达到的。

我忽然意识到，伍映方眼里的光亮，就有柴烧的火光。或者说，他长期专注地看窑火，那火光已落入眼底。

柴烧一窑，通常需要六十个小时左右，期间需要烧窑人不眠不休，轮班投柴，加柴的速度和方式、薪柴的种类、气候的状况、空气的进入量、窑内的气氛等细微因素，都会影响窑内作品的色泽变化。

只要窑火一点燃，伍映方的全部生活就转移到了窑边，或者说，他的整个魂都附在了窑上。连续数十个小时不眠不休，随时掌握各个窑室的火候。溜火、紧火、歇火，不允许出一丝差错。哪怕疏忽了一捆柴，也可能会让整个窑内的作品毁于一旦。夏日是成群的蚊虫围攻，冬天是刺骨的寒风围剿。双眼熬得通红，布满血丝，皮肤也是严重失水，干燥得吓人。

但这些对伍映方来说，都可以忽略不计。他的全部身心都在黑色陶瓷上。从挛窑、拉坯到烧制，九九八十一道坎，已经一路艰辛地走过来了，就看这最后一关了。

但是，满怀的期待，却一次次的落空了。

最开始烧出的几窑，不但没有一件黑陶，甚至连一点黑色的影子都没有。千辛万苦，全部化无乌有，那种打击实在是太沉重了。

怎么办？是继续实验还是放弃？毕竟烧制一窑的成本需要几十万元，简直就是在烧钱。由于他一直埋头黑陶技艺的研究，没有走市场，也就是说，只投入，无产出，在啃完老本后，他差不多陷入了身无分文的困境。

伍映方看着自己每次烧窑记录下来的一沓沓厚厚的数据，再看看那一窑窑的废品，内心非常纠结。最简单的办法就是放弃，和别人一样，烧制普通的陶瓷，以他的技术，照样可以有市场。但，不想妥协，不想背离初衷，他要和那个黑黝黝的器物死磕。

在又一个不眠之夜后，他对妻子说："我再烧最后一窑，如果还不成功，我就放弃。"他说这话时，眼里有一种不屈的光。妻子很贤惠，一直在背后默默支持他，什么也没说。

那一年是 2013 年，伍映方已进入不惑之年，但他依然要为难自己，和自己过不去，和黑陶过不去，烧"最后"一窑。这最后一窑，是背水一战，让他的心扑腾扑腾跳得厉害。他在心里默默祈祷，他真希望古人能跨越几千年来保佑他。

终于，一件黑色的留着些许白的陶作，呈现在他眼前。他惊喜万分，自己数年的努力，总算出现了一线曙光，他终于触摸到了烧制黑陶的关键点：对泥料的处理和对窑温的控制。

这最后一窑，成了第一窑，希望的第一窑。

此后，伍映方继续研究，反复试烧，渐渐的，一点一滴的，终于摸索到了古人烧制黑陶的真谛，终于掌握了失传了几千年的技艺，终于让四千五百年前的蛋壳黑陶瓯重生了！

单先生激动地说，此举可谓石破天惊。第一，伍映方采用的是柴烧，火候高达九百度以上，最高达一千二百五十度，成功破解了温度超过九百度就烧制不成黑色陶瓷的千古困局；第二，他不上釉，纯粹靠泥坯，创造性地烧制成功了胎体全黑的素胎黑陶。这是奇迹，是改变陶瓷世界的奇迹。

是的，伍映方最早用化工原料添加法，也烧出了纯黑色的黑陶，但他不满意，砸碎作品，从头开始。通过反复试验，他又用有烟煤烟熏法，烧出了里外全黑的黑陶。但深入研究后，他再次推翻了自己的"研究成果"。他认为人类运用煤炭的历史只有二千七百余年，而蛋壳黑陶瓢是四千五百年前的；再有，有烟煤在加热过程中会释放大量的重金属及有害金属，渗入到坯体中，作为实用器不安全。只有用纯天然泥料、手工制作、柴窑烧制，才是真正的古法。

当他捧着用古法烧制出来的陶瓷，看到质朴浑厚的陶瓷上散发出天然的色泽时，终于聆听到了来自大自然的声音。

蛋壳黑陶瓢等系列黑色陶瓷全面恢复古法烧制成功后，伍氏靖窑一时声名鹊起。媒体纷纷上门采访，业内人士纷纷上门求教，还有很多商家上门订购，出价颇高。

面对这一切，伍映方丝毫没有大功告成的感觉，他依然心静如水，尽可能地婉拒一切与黑色陶瓷研究无关的事。有人让他拿他的作品去参加评奖，甚至明确跟他说："你的作品肯定能得金奖。"他还是婉拒。他的理想，依然是最朴素的那个，就是在有生之年做出自己满意的作品，而不是其他。

回望来时路，伍映方说："我在制作黑色陶瓷的路上走了三十年。前十年，是由简到难，把每一个步骤、每一个微小的技术，每一种方式，都一一学到手。而后二十年，是由难到简，是回归。这回归的路，走得更艰难、更漫长，至今还在继续走着。"

三十多年的制陶经历，让伍映方总结出了烧制陶器的三重境界。第一境，有意为之，有意得之。也就是说，想做成那个样，果然是那个样。第二境，有意为之，无意得之，即烧出来的作品，超出了自己的预料。而第三境，是最难得的，即无意为之，无意得之。一切都在不确定中。这种不确定，便有着无穷的魅力，犹如神赐。

伍映方说这话时，我发现他的脸庞黝黑明亮，闪动着黑陶般的光泽。也许，他已经把自己烧制成了黑陶。

精彩 赏析

作者对黑陶历史、价值的描述，是为后面伍映方探寻用古法烧制黑陶，虽经历千百次的失败，即使身无分文，也不放弃作铺垫。伍映方对陶艺的痴迷、热爱，用他朋友的话总结"你只要给他一盒火柴，把他放到山上去，他就能创作出陶瓷作品来"。正是凭着这样的工匠精神，伍映方终于将失传了几千年的黑陶烧制成功。他要让黑陶的色泽之美、造型之美、装饰之美，在中国重放异彩，这是伍映方毕生的追求。文章最后，作者用一句话为本文、为伍映方做了总结："他已经把自己烧制成了黑陶。"

写在湖上的名字

🌸 **心灵寄语**

湘湖的美是通透的，是穿梭岁月后留下的一种古典美；是承载着无数历史故事的美，更是汇集万千榜样于一身的美。

一到湘湖，我就被惊到了。作为一个不逊于西湖的风景所在，湘湖的美肯定是毋庸置疑。真正让我惊艳的，却不是它的风光，而是它地下的遗址：跨湖桥遗址。

据载，跨湖桥遗址是经过 1990 年、2001 年和 2002 年的三次考古发掘出来的。发掘面积一千平方米左右，出土有大量的陶器、骨器、木器、石器以及人工栽培水稻等，经碳 –14 法测定和热释光测定，其年限在八千至七千年之间。

八千年！这应该是我听到过的最久远的人类遗址了。我甚至有些怀疑，真的吗？真的有七八千年吗？七八千年前，人类就在此生产生活了吗？就种稻子，养猪了吗？

除了科学考证，没人能够回答。

于是我查了一下，什么叫碳 –14 法测定和热释光测定。前者的全称是"碳–14年代测定法",又称"放射性碳定年法",就是根据碳–14衰变的程度,来计算出样品的大概年代的一种测量方法。它是由美国科学家利贝(W. F. Libby)建立的,利贝博士因此获得了1960年的诺贝尔化学奖。而热释光测年法,则是通过测定晶体的热释光强度和每年接受的辐射总剂量,来计算样品的年龄,测年范围介于数百年到一百万年。此技术被广泛应用于考古研究。

如此,我们应该相信,跨湖桥遗址的年代已被科学证明。它早于河姆渡遗址一千年,是当下发现的浙江省境内最早的新石器时代文化遗址。这一发现,将浙江的文明史提前到了八千年前的新石器时代早期,也再次证实了长江流域也是中华文明的发源地之一。

夜晚,我坐在湘湖驿站的房间里,看着资料,暗暗咋舌。原来,在我的家乡,还有这么了不起的考古发现!当然,我也不必汗颜,采风就是学习。每次采风我都会学到很多东西,只要有个谦虚好学的态度。

我抱着谦虚好学的态度,走进了跨湖桥遗址博物馆。博物馆就建在跨湖桥遗址的水面上,设计别致,与湘湖浑然一体。

当我一一细看那些被小心翼翼挖掘出来,并被反复考证,用科学方法鉴定过的文物时,恍如走入了另一个时空。忽地想起"惊艳了时光"这个词:那些和我们隔着几千年的陶器、石器、骨器、木器,那些牲畜的骨头化石,还有那些不可思议的没有腐烂的稻粒、茶树种和茎枝类草药,若它们不能惊艳时光,还有谁能?

跨湖桥遗址中有数个"之最"的发现:世界上最早的漆弓,南中国地区最早的彩陶,中国最早的"草药罐",中国最早的慢轮制陶技术，中国最早的水平踞织机……当然，最醒目的，当属那艘七千五百年前的独木舟：世界上最早的独木舟。

这艘独木舟由松木制作。就我不多的常识所知，松木并不是特别结实的木头，换言之，并不属于名贵木材，可它竟然七千年不腐，也许是拜那一方土地所赐，它一直被深埋在泥土之下，即使那片土地后来被海侵。

跨湖桥博物馆原馆长，曾为跨湖桥遗址发掘做出过重要贡献的施加农先生告诉我们，为了保护这艘木船，先要排除木头里的盐分，因为湘湖一带曾被海水侵蚀。将木舟用纯净水浸泡，再晾干，如此反复三次，直至木头里的盐分全部去除。但我们现在看到的"木船"，已经是薄薄黑黑的一片了，和当初发现时（从照片看）已有很大不同。显然，文物一旦见了天日，保存不是件容易的事。

坐船在湘湖上游览，导游小叶指点远近各处为我们讲述，她已经是两个孩子的母亲了，看上去却像个年轻姑娘。湖面浩大，三万顷碧波，就是从地图上看，也是很大一块翡翠呀。放眼看去，它似乎和别的湖没有太大不同，苍翠的植被环绕着浩渺的湖水，深绿浅绿浑然一体。岸边树木繁多，柳树、松树、樟树、芙蓉，还有石榴；依水而生的是芦苇、茭白、蕨类；入水而生的是荷花、水葫芦，还有莼菜。高高低低都肆意蔓延，野性蓬勃，暗含着人所不知的秘密。

忽然心生感慨，我是无法像施加农馆长那样，对那些沉睡了几千年的东西充满热爱的。他为了这热爱，果断放弃了正当红的演员生涯，一头扎进跨湖桥遗址的数千年历史长河之中，成为一部遗址活词典。凡我们问到的任何问题，他都能滔滔不绝地细细讲解。他已经是一位名副其实的文博专家了。

而我作为一个写小说的人，所感兴趣的，依然是人，像施馆长这样的人，像导游小叶这样的人，他们在湖畔长大，他们的生命会比旁人更加丰满水灵吗？

还有那些漫长岁月里与湖相伴的古人。他们被湘湖养育，他们为湘湖付出，比如杨时，比如顾冲，比如孙学思，比如魏骥。

萧山人最熟悉也是最感恩的，是杨时。这位来自福建的北宋时期的萧山县令，是最早挖掘湘湖的人。杨时上任时已年届六十，但看到百姓们苦于屡屡干旱，并没有打算混到退休了事，而是顺应民意，决心建湖解决旱情。他亲自实地勘察，广泛听取意见，最终在政和二年（1112），于城西一公里处，"以山为界，筑土为塘"，建成了一个人工大水库——湘湖。当时湖长十九里，宽一至六里，西南宽，东北窄，形似葫芦。"邑人谓境之胜若潇湘然"，于是称之为"湘湖"（此说似乎有争议）。且不论名字的由来，湘湖之水的确缓解了旱情，所蓄之水可灌溉九个乡的十四万亩稻田。"水能蓄潦容千涧，旱足分流达九乡。"这两句诗，便是后人对杨时关心农事的歌颂。

其实，杨时在做萧山县令之前，就已经很出名了，他是我们所熟知的"程门立雪"之典中的主人公。虽然他建湖的功绩远远大于虚心求学的事迹，可因为有典故流传，后人更多地记住了"程门"。好在，湘湖上有一座杨堤，可以永久纪念这位关心百姓的父母官。

不过历来都是打江山容易守江山难，水库建好后的管理问题，一直让历任萧山父母官头疼。杨时离任后，在湘湖灌溉问题上，乡与乡之间，村与村之间，因为用水不均的矛盾日益突出，经常发生诉讼乃至械斗。到南宋绍兴二十八年（1158），萧山县丞赵善济制定了《均水法》，规定不得私自放水用水，须按序、按量放水。二十多年后，萧山知县顾冲，又在《均水法》的基础上写下了《湘湖均水约束记》。看资料，顾冲可真是个包公式的好干部，上任即从查处湖霸张提举占湖渔利二十年入手，全面清理了私占湘湖的积弊，然后将《湘湖均水约束记》刻在石碑上以示遵守。

顾冲之后，到南宋嘉定六年（1213），郭渊明为萧山县令，继续治理湘湖，加固湖堤，疏浚湖底。他最重要的贡献是根据当时有人在湘湖私建房屋的现象，划定了湘湖边界。据说是采纳了他十五岁儿子的建议："黄者山土，青黎者湖土。"以此定出了湘湖东西两岸的金线（黄土）。

经过历年历代的不断完善和治理（这其间肯定不只是官员的功劳，还应该有民间乃至乡绅的贡献），湘湖越来越美丽，越来越可人。有说堪比西湖的，有说赛过西湖的。我的老乡诗人陆游，就多次来湘湖采风，留下许多诗词。"湘湖烟雨长菁丝，菰米新炊滑上匙。云散后，月斜时，潮落舟横醉不知。"寥寥几句，清晰地呈现出他在那年那月的"小确幸"。

跨湖桥的由来，也和一个人有关。

早年湘湖有两大姓，湖西是孙氏，湖东是吴氏。孙家出了个官叫孙学思，明嘉靖年间他荣升中书舍人（大概属于朝廷秘书），七品官。为了便于湖西的孙氏与湖东的吴氏两姓往来，他在湖上造了一座横穿湖面的跨湖桥。从此，湘湖被分为上湖（南湖）和下湖（北湖）。据说此桥从水利来讲是不利的，但有利于团结呀。

现在因为遗址的发现，跨湖桥的名气更大了。这个，估计孙老师绝对没想到。不过我还是很好奇，他当时已在外做官，怎么想到为了方便孙家和吴家的沟通要修一座桥呢？会不会是他们家和吴家结了亲？还是吴家有他同学好友？我猜想其中一定有故事吧。

后来看资料，果然看到了孙吴两家结亲之事，忍不住呵呵两声。

魏骥也是湘湖本土人，丁明永乐年间中举，进京做官，参与了《永乐大典》的纂修工程。其后一直做官到吏部尚书，从政四十五年后告老还乡。七十七岁的他布衣粗食、克勤克俭，足穿草鞋行走乡间，而且为百姓利益秉公而行，与侵占灌区的恶势力作斗争，清退出七千三百多亩湖田。又主持修筑了多处塘堰，号召百姓广植杨柳保土固堤，一直到八十六岁还亲自挑石头加固堤防。九十多岁时，还撰写《水利事述》《水利切要》等著作，将治水经验留给后人。

不知怎么，魏骥让我想起了杨善洲。杨善洲，原云南保山地委书记，在任时清正廉洁，被百姓称为"草帽书记"。退休后主动放弃省城生活，在家乡施甸县义务植树造林二十二年，建成一座面积五点六万亩、价值三亿元的林场，去世前将林场无偿移交给国家。这样的人，无论身处哪个朝代，也无论是在山上还是在水边，他们的名字都不会消失。

船在湖上穿行，思绪在湖下奔涌。凝神湖水，我看到了一个又一个的名字，他们中有官员、有学者、有文人、有乡绅，还有更多更多的面目黧黑的劳动者。这成千上万个名字，形成了细细盈动的波纹，形成了水草和鱼虾，形成了浩大的，碧绿的湖面。

如此，湘湖怎能不美。

精彩
——赏析——

　　作者开篇就介绍了跨湖桥遗址以及遗址带给作者的惊艳之感。跨湖桥遗址历史悠久，所挖掘出的文物具有很高的研究价值。作者用了很大的篇幅对这些遗址、文物进行描写，以侧面烘托的手法强调了跨湖桥遗址的历史意义。这也说明，跨湖桥遗址承载着非凡的文化意义。作者从遗址写到了同湘湖有关的历史人物，升华整篇文章的主题，使文章上升到了一种新的高度。

在遥远而又陌生的地方

🌸 心灵寄语

> 站在西藏的土地上，天空和大地紧紧连在一起，整个世界仿佛只剩下自己。

八月，我又去了西藏。

连我自己也很难说清楚，那片土地上究竟是什么在吸引着我。当我从成都那片常年灰暗阴沉的天空下，忽然飞进高原的阳光里；当我走下飞机，一眼看见那片熟悉的蓝天，呼吸到那缕清冷的，却是无比新鲜的空气时，我就知道自己一直在渴望着与它重逢。我忍不住张开整个身心对它说：你好，西藏！

神奇的高原带着一种永恒的苍凉站在我的面前。这苍凉中蕴含着人类难以征服的力量，蕴含着我无法了解和进入的神秘。广袤的天空下，人和土地的比例发生了根本的变化。天空和大地永远在目光的最尽头相逢，呈现出一种真正的博大和苍凉。

但对于常人来说，这种博大和苍凉常常会令内心产生恐慌。在一次去往日喀则的途中，我们为了拍照，停车在路边。前面，是望不到头的去路；后面，则是望不到头的来路。左右两侧是漫漫的沙砾地，一直延伸到远方那光秃秃的褐色山脉的脚下。目力所及处几乎没有一丝生命的痕迹。因为想找一个好的角度，我无意识中独自远离了汽车和同伴。当我意识到这一点猛然回头时，看见汽车正远远地开来。在那一刻我突然感到了一种从未有过的恐慌。如果我真的失去了现代文明的依傍，被意外地搁置在这儿，我还能生存下去吗？

这个时候就会感到自己很渺小，渺小到只剩下一个念头，一句感叹。平日里的所有欲望都退后了，生存又成了第一位。在这片土地上，人唯一能做的事情就是让自己活下去。我因此崇敬那些能够活下去的人，崇敬那些从生下来就被搁置在这儿的人，他们是这片土地上最美的风景。

这个时候还会感到自己的俗处，只能从人的自身出发去思想，没有一种能在大自然面前保持镇静和平衡的精神世界；没有一种能与这自然对应的坚定信仰。

这个时候就很敬重那些独自行走在路上，从偏远的土墙泥屋走向高高山顶的喇嘛寺庙的人们。他们也许衣衫褴褛，也许饥肠辘辘，但他们目标明确，步履沉稳；他们的目光越过人类的头顶直视天穹；他们用前半生辛勤劳作，后半生去走朝圣的路。我之所以说"走朝圣的路"而不说"去朝圣"，是因为他们往往死在路上。

所以每每我看见他们独自行走，或一走一匍匐时，心里就会涌起一种敬意和感动，就会问自己：什么是你的朝圣之路？

显然，我不可能像他们那样前半生劳作，后半生朝圣了，因为我前半生的劳作不是为了朝圣而劳作，我没有属于自己的寺庙。也许我将终生在路上茫然地走，又终生无圣可朝。假若我因此没有来世，我能有什么怨言？

但无论怎样，西藏，仍以它的魅力将我吸引，将我诱惑。它让我负重的灵魂得以喘息，让我世俗的身体得以沐浴。

每每行走在渺无人烟、旷达无垠的高原；每每看见旷野中偶尔闪现的绿树和灌木；每每看见牛粪镶嵌在围墙上的藏民院落；每每看见猎猎飘扬在路上、河上、山顶上的五色经幡，甚至每每看见从山上直冲下来漫过公路的泥沙，我都会感到熟悉而又亲切，都会想起那句话：在遥远而又陌生的地方，有一个故乡。

是的，西藏，它是我灵魂的故乡。

也许在西藏这片神秘的土地上，自然并不只是个客观存在，而是具有神性和灵魂的人的自然。在这里，与自然的对话，就是与灵魂的对话。所以对我来说，每次去高原，都不是一次旅行，而是一次与老朋友的会晤和交谈。

此次临去西藏前，我不巧患了感冒。医生对我说，你最好不要去，同伴也好意劝我留下。连续打了三天大剂量青霉素之后，依然咳嗽不止，我自己也有些想退缩了。但奇怪的是，当我飞进西藏后，感冒竟然好了，很令同伴们惊讶。

我想这就是我与西藏的默契。

但西藏之于我，究竟是怎样一种关系？西藏给予我的，究竟是怎样一种启迪？在去了三次西藏之后，我仍然无法言清。也许是永远无法言清。

站在那片高原，我常会觉得自己被放逐了，因此而淡化了生存以外的欲念。人一旦从人的种种欲望中挣脱出来，从种种俗利的淹没中挣脱出来，就会变成自然的主宰。于是，常年穴居在都市的我，感觉到了彻底置身于自然的舒畅。

在这种时候，人的心灵往往会抹去岁月的泥沙，以纯净的声音和自然对话。

记得在去往藏北草原的途中，我一直静静地望着起伏不尽的草原和草原尽头的雪山。山顶很白很硬，山下的草地却很绿很柔和。我久久地注视着，忽然觉得心里有些异样。于是我记起，今天是我那个小外甥女的生日，她六岁了。不知怎么，这件普普通通的事在这一刻想起，竟令我特别的感动。我默默地对着雪山和草原说：我唯一的姐姐，和我一起长大的姐姐，她竟然也有一个六岁的女儿了。生命的延续就是这样的普通，又是这样的神奇而美丽。雪山和草原在那一刻忽然呈现出一种奇异的光亮，仿佛被赋予了生命，仿佛在回应我的心境。我觉得心里一阵阵发热，几乎落下泪来。我知道自己在那一刻与自然融合了，在那一刻与自然有了真诚的对话。

日本著名画家东山魁夷从北欧归来时，画了许许多多的风景画。这些画表面上似乎没有什么特别，但人们一眼就可以看出它们都是东山魁夷所作。这位著名画家在北欧与他的大自然邂逅，在那片异邦的土地上产生了一种故乡的感觉，因此找到了一片可以与之对话的自然和风景。他为他自己和那片风景创造出了馥郁的命运。他把他的灵魂融入风景，又将这些风景绘制成他的画。

我常常从东山魁夷的北欧风景画中，感受到他对那片风景的情感，这是一种对故乡的情感，它令我倍觉亲切。

一个人可以随时去旅行，但很难随时随地发现故乡。说来我也到过很多的地方，见过很多风景，但真正能令我产生故乡之情的，能一而再，再而三将我诱惑的，唯有西藏。

这一点，在第一次走上高原的时候，我是绝没有想到的。

也许这就是缘分。

从西藏归来，忽然之间就淡漠了许多欲望。临走之前的种种念头和怨艾，仿佛都被那高处的风吹走了，只留下一种单纯的感觉。

重新走在纷纷攘攘的都市，重新见到一张张熟面孔，重新听到一些熟识的和生涩的消息，令我感到我被甩出原生活轨道的这段时间，这里是多么的热闹而又无聊。

我又回到了原来的轨迹上，又夹在了走时看的那本书中间。

一切依旧。

西藏给予我的启示，似乎无法带出西藏。它超重，超大，以至于我无法把它作为自己的一份财产带在身边，只能经常攀上去，感受它，然后搁下它。

它如同故乡一样无法携带呵。但它的气息已随我而来，我会在很长一段时间里嗅着它的气息而生活，抵御都市对我的中伤。待到它的气息渐渐弱小时，我会再次登上与它邂逅的旅途，一次又一次。

赫尔曼·黑塞说过："……乡土、血统和祖先的语言并非一切的一切，在世界上还有超出这一切的东西，那就是人类。这世间有一种使我们一再惊奇而且使我们感到幸福的可能性：在最遥远、最陌生的地方发现一个故乡，并对那些似乎极隐秘和最难接近的东西产生热爱。"

这就是我与西藏的缘分。

一次邂逅，竟成永远。

精彩 —赏析——

整篇文章可以分为三个部分，第一部分是西藏的风景：博大、苍凉，独一无二。第二部分是在西藏的感受，作者将自己去西藏前和去西藏后的心理进行对比，以此来烘托西藏的魅力。对朝圣者的描写，表达了作者的敬畏之情。第三部分是回家之后的感想。作者通过这三部分为我们展示了西藏涤荡心灵，回归本真的力量。从作者的描写中，我们能感受到作者对西藏有着深厚的情感。

预测演练一

....

1. 阅读《相亲相爱的水》，回答以下问题。（12分）

（1）结合全文，分析文章的题目为什么是《相亲相爱的水》？
（4分）

_____

_____

_____

（2）在这篇文章中，作者详细介绍了哪几个地方？它们的共
同点是什么？（4分）

_____

_____

_____

（3）联系上下文，总结浙江的水有什么特色。（4分）

_____

_____

_____

2. 阅读《朝拜伟大的纸》，回答以下问题。（15分）

（1）结合全文，分析文章是从哪些方面说明纸的"伟大"的。
（3分）

_____

_____

（2）作者的"恋纸癖"体现在哪些方面？有何作用？（4分）

_____

_____

_____

（3）作者为何会在文中不断提及"六连碓"？（4分）

_____

_____

_____

（4）联系上下文，对"回望那葱绿的山坳，就像一个孕育生命的子宫，经年累月，诞生出一张张伟大的纸"一句进行赏析。（4分）

_____

_____

_____

3. 写作训练。（60分）

　　我在吉安遇见一个作为状元的文天祥、一个作为诗人的文天祥、一个作为清官的文天祥、一个作为普通人的文天祥时，最让我感动不已的，还是那个作为民族英雄的文天祥。

在中国，状元虽少，也有五百余位，而文天祥，只有一个。

如何描写一个名人？请联系现实写一篇文章，体现你的感悟与思考。

要求：选准角度，确定立意；明确文体，自拟标题；不少于800字。

四十年前的爱情

🌸 心灵寄语

> 相爱的人死了，他们的爱情却得到了永生。

听过很多爱情故事，唯有这一个，让我至今心痛。

20世纪60年代初，有一个叫马景然的高中生，考入了解放军西安炮校，成为一名女兵。她很开心，不仅是穿上了军装，还因为她的恋人也和她一起考入了。或者反过来说，她是跟她恋人一起参军的。恋人叫任致逊，其父母和她的父母是好朋友，两家都是抗战干部，关系很好，他们从小认识，可谓青梅竹马。

他们到部队的第二年，就赶上西藏部队招收外语干部，从他们学校挑选一百名学员进藏学外语。任致逊被选上了，马景然得知后也坚决要求去。领导考虑到他们的特殊情况，也特批她加入进藏队伍。这样，马景然成了那支队伍里唯一的女兵。

年轻的队伍从西安出发，坐火车到兰州。在兰州，他们与从北京选来的另一百名高中生会合了，马景然就成了两百名学员里唯一的女兵。然后他们又从兰州出发到格尔木，再从格尔木进拉萨。一路上火车换汽车，汽车换步行，风餐露宿，日夜兼程。

那个时候条件非常艰苦，兵站都没有房子，露宿是常事，吃的也很差，还有高原反应，还有寒冷，还有数不清的困难。可马景然一直和所有的男学员一起往前走，和那两百名男学员一起住帐篷、吃干粮，栉风沐雨。每天晚上，她都睡在男学员大帐篷的角落里。没人知道她是怎么解决那些生理上的困难的，没人知道她是怎么适应那个雄性的队伍的，甚至没人听见她说过一句难过的话、伤心的话，或者一声叹息。一切的一切，她都默默地承受着。

到拉萨后，正赶上某边境作战打响，学习的事自然推后，他们全部投入了工作。他俩和一批同学一起，被分配到了俘虏营，做俘虏的教育管理工作。

仗打完后，他们前往建在西藏扎木的西藏军区步兵学校，在那里读书学习。扎木那个地方我去过，在藏东南，海拔相对较低，树木葱郁，氧气也不缺。在那里建学校，肯定很适宜学员们读书。学校开设了英语、印地语、尼泊尔语等专业。教员都是从各个大学和外交部请来的老师、专家。马景然是学校里仅有的女学员，住宿仍很困难。当时一个区队一个大房子，房子里两排大通铺，男生一个挨一个。在大房子门口，有两个小储藏室，一边住区队长，一边就住马景然。

整个学校除了她，就还有两个教员的家属是女人了。连个女教员都没有。我不知道马景然是否寂寞，是否孤独。虽然她和任致逊在同一个学校，但毕竟是集体生活，他们不可能卿卿我我、花前月下，甚至连单独在一起的机会都很少。我努力想象着马景然在那里的生活，还是很难想象出。我只知道她内向，话不多。还知道，她和任致逊都学习印地语，成绩优秀。哦，还知道马景然中等个儿，长得秀丽文静，任致逊则高大英俊，一个帅小伙。

他们在扎木度过了三年时光。尽管有种种的不便和困难，但对马景然来说，那三年是她最安宁、最幸福的三年：守在爱人的身边，潜心读书。

1967年，他们毕业了，因为成绩优秀，两个都留校当了教员。我相信这其中也有领导的一片心意，想让他们在一起。于是，他们打算马上结婚。从1961年进藏，他们已经等了六年了，实在该结婚了。

可是就在这个时候，1967年10月，边境局势再次紧张，亚东方向发生了炮战，两人将婚期再次推后，前往部队参战。任致逊直接去了亚东前线指挥所，马景然在西藏军区联络部工作。分手的时候他们重新约定：等这次战事结束后，就结婚。

可是——又一个"可是"，我怎么也逃不开这个可是——任致逊到亚东没多久，就壮烈牺牲了：一发炮弹直落他所在的指挥所，他被击中腰部，当场牺牲。与他一起工作的另外两名同学，一名牺牲，还有一名重伤。

上级将这一噩耗告诉马景然时，怎么也不忍心说任致逊已经牺牲，只说负了重伤，正在抢救。马景然焦急万分，恨不能立即飞到任致逊的身边去。六年了，他们等了六年了。无论如何艰苦，无论如何困难，他们都一直在一起。这回仅仅分开几天，他就出了意外！怎么会这样？他们约好了战后就结婚的啊。

我不知道马景然当时想了些什么，我只知道她从得到消息后就泪流不止。部队马上派了辆车，送她去亚东。车是一辆老式的苏联嘎斯车，那个时候哪有什么像样的车啊。一个干事陪着她，急急地上了路。走的是那条我很熟悉的路，从拉萨出发，过羊八井，再翻越雪古拉山，然后下山，然后到了一个叫大竹卡的地方。就在那个叫大竹卡的地方，他们的车翻了！马景然因为一路悲伤哭泣，完全没注意到车子发生意外。她坐在后面，却一头栽到前面，额头撞到车前玻璃窗的铁架上，血流如注，当场牺牲。

她真的随他而去了！那么急，那么不由分说。好像任致逊在那边喊她一样。她连"唉"一声都顾不上，就奔过去了。

我听到这里时，惊得目瞪口呆，心痛不已。

唯一能够安慰的是，马景然到死，也不知道任致逊已经牺牲。而任致逊牺牲前，知道马景然在西藏军区联络部工作。在他们彼此的心里，他们都还活着。他们只是不约而同地走了，共赴黄泉，他们到那边去活，去相爱。也许在他们很少很少的情话中，有那么一句：至死不分离。如果还有一句，是永不失约。

马景然和任致逊牺牲后，双双被追认为"烈士"，一起安葬在了日喀则的烈士陵园。

他们终于在一起了。

他们知道他们在一起了吗？在马景然的两百名学员里，有一个是我认识的王将军，是他把这个故事讲给我听的。他讲的时候很激动，一再说，这才是真正的爱情，这才是我们西藏军人的爱情。

王将军已经退休，他曾在日喀则军分区当过五年的政委，每一年，他都要去为他们两人扫墓。每次扫墓，他都会生出一个强烈的心愿：如果能把两人的灵丘合葬在一起该多好。他们那么相爱，那么想在一起，生不能如愿，死后也该让他们如愿啊。可是由于种种原因，王将军说，他的心愿一直没能实现，他只是将二人的陵墓进行了修缮。

王将军的心愿也成了我的心愿。那年进藏时,我就把这个惨烈的爱情故事,讲给了一位当时在西藏任职的大校听,同时还把王将军的心愿一起告诉了他。我说:"真的,如果能将他们二人合葬,该多好。不但可以安慰他们的在天之灵,还可以让这个爱情故事永远传下去。"

大校沉吟片刻,说:"我来试试看。"

大校于是又把这个故事,讲给了当时在日喀则任职的另一位大校听。那位大校也被感动了,说:"我去办。"

我满怀期待地等着。可以说,我是为自己在期待,期待自己被这个爱情故事灼伤的人,能够得到抚慰。我还想,下次去日喀则,一定要去烈士陵园,一定要去祭扫他们的陵墓。

一周后,我终于等到了回复。出乎我的意料,却又在情理之中。

现将日喀则民政局的信抄录在这里:

日喀则地区烈士陵园现葬有 1967 年 10 月在亚东炮战中牺牲的革命烈士任致逊和其在同一部队服役的女友马景然(在大竹卡翻车事故中牺牲)的两位灵丘。根据其战友意愿,现要求将两个灵丘合葬在一起。经我局了解,合葬一事既不符合国家规定,同时又将违背当地的民族风俗。故不适宜掘墓合葬。

特此证明

日喀则地区民政局

2005 年 7 月 22 日

除了两封回复的信，还有两张照片，即两位烈士的陵墓的照片。看得出陵墓的确被修缮过，但也看得出，两座陵墓不在一起。也许当时安葬的时候，人们不知道他们是恋人？或许知道，但不允许在烈士陵园体现儿女私情？无论怎样，民政局的同志是对的。回到成都后，我把这个结果告诉了王将军，王将军也这样说。仔细想想，我们提出的要求的确不妥。已经过去那么多年了，而且那是烈士陵园，又不是其他墓地，怎么可能随意掘墓合葬呢？我们只从感情出发了，没考虑周到。

当然，我们也没错。爱不会错。他们相爱，我们爱他们和他们的爱情。他们的爱情在越过半个世纪的岁月风沙、人世沧桑后，依然鲜活。我知道他们至今仍彼此相爱着。你也知道。

精彩赏析

本文向我们诉说了一段几十年前的爱情故事，作者用文字还原了马景然和任致逊两个人的爱情故事。两人自小相识，结伴长大，一起去了驻藏部队。本应有一个欢喜的结局，却因为工作双双离开人世。本该结束的故事，又加入了一段希望两人合葬的事情。最后两人没有合葬成功，但那段感情已然超越了所有。人世间的爱情有永恒的，也有善变的，但墓碑纪录的爱情，是永恒的。

世界最高处的艳遇

> 何为艳遇？分为五种类型：草木之遇、浪花之遇、金玉之遇、珍珠之遇、钻石之遇。爱情是美丽的，艳遇是一场美丽的遇见。

1997 年，有个年轻姑娘只身一人去了西藏，她在西藏跑了近三个月，几乎看遍了所有的高原美景，但离开西藏时，却带着一丝遗憾。因为藏在她心底的一个愿望没能实现。那就是，与一个西藏军人相遇，然后相爱，再然后，嫁给他。

不知是否因为出身军人家庭，她从小就有很浓的军人情结，曾经有过一次当兵的机会，错过了，于是退一步想，那就嫁给军人做军嫂吧。身边的女友知道后跟她开玩笑说："我们这个小地方可实现不了你的理想，你要嫁，就到西藏去找一个吧。"她马上说："去就去，你们以为我不敢吗？"她就真的一个人进藏了。

西藏归来，见她仍是只身一人，家人和朋友都劝她不要再固执了，要实现那样的理想，不是有点儿搞笑吗？再说年龄也不小了，赶紧找个对象结婚吧。可她就是不甘心。不甘心，于是三年后，

2000 年的春天，她又一个人进藏了。

也许是感动了月下老人？在拉萨车站，她遇见了一位年轻军官。年轻军官其貌不扬，黑黑瘦瘦的，是个中尉。他们上了同一趟车，坐在了同一排座位上。路上，她打开窗户想看风景，中尉不让她开，她赌气非要开，两个人就打起了拉锯战。几个回合之后，她妥协了，因为她开始头疼了，难受得不行。中尉说："看看，这就是你不听话的结果。这是西藏，不是你们老家，春天的风不能吹，你肯定是感冒了。"她没力气还嘴了。中尉就拿药给她吃，拿水给她喝，还让她穿暖和了蒙上脑袋睡觉，一路上照顾着她。

他们就这么熟悉了。或者说，就这么遇上了。她三十岁，他二十七岁。

到了县城，中尉还要继续往下走直到边境，他们就分手了。分手时，彼此感到了不舍，于是互留了姓名和电话，表示要继续联系。

可是，当她回到内地，想与他联系时，却怎么也联系不上。她无数次给他打电话，却一次也没打通过。因为他留的是部队电话，首先接通军线总机就很不容易，再转接到他所在的部队，再转接到他所在的连队，实在是关山重重啊。在尝试过若干次后，她终于放弃了。

而他，一次也没给她打过电话。虽然为了等他的电话，她从此没再换过手机号，而且一天二十四小时开着。但她的手机也从来没响起过来自高原的铃声。

一晃又是三年。这三年，也不断有人给她介绍对象，也不断有小伙子求爱，可她始终是单身一人。她还在等。她不甘心。

2003 年的 4 月 1 日这天，她的手机突然响起了，铃声清脆，来自高原。她终于接到了他的电话。他说，你还记得我吗？她说，怎么不记得？他说，我也忘不了你。她问，那为什么这么长时间才来电话？他说，我没法给你打电话。今天我们部队的光缆终于开通了，终于可以直拨长途电话了，我第一个电话就是打给你的。她不说话了。他问，这几年你想过我吗？她答，经常想。他问，那你喜欢我吗？她答，三年前就喜欢了。他问，那可以嫁给我吗？她笑了，半开玩笑地说，可以啊，你到这里来嘛。他沉吟了一会儿说，好的，你给我四天时间，4月5日，我准时到。

她把他的话告诉了女友，女友说："你别忘了今天是愚人节！他肯定在逗你呢。他在西藏边防，多远啊，怎么可能因为你的一句话就跑到这里来？再说，你们三年没见了啊。"她一想，也是。但隐约的，还是在期待。

4月5日这天，铃声再次响起。他在电话里说，我在车站，你过来接我吧。她去了，见到了这个三年前在西藏偶遇的男人。她说："你真的来啦？我朋友说那天是愚人节，还担心你是开玩笑呢。"他说："我们解放军不过愚人节。"

她就把他带回了家。家人和朋友都大吃一惊，你真的要嫁给这个只见过一次的男人吗？你真的要嫁给这个在千里之外戍守边关的人吗？她说，他说话算话，我也要说话算话。

最后父亲发了话。父亲说："当兵的，我看可以。"

他们就这样结婚了。

他三十岁，她三十三岁。

几乎所有人都不看好他们的婚姻，不看好这路上撞到的婚姻。但他们生活得非常幸福。这种幸福一直延续到四年后的2007年，他们相识的第十个年头。

2007 年的某一天，我在办公室见到了她。其实三年前我就见过她。那时我去她所在的小城作文学讲座，她来听课。课后她曾找过我，说想跟我讲讲自己的故事。可当时时间太紧了，我没能顾上。于是，这个美丽的爱情故事就推迟了三年才来到我身边。

当然，比之三年前，故事有了新的内容：他们有了一个来之不易的女儿。婚后很长时间她都没有孩子。为了怀上孩子，她专门跑到西藏探亲，一住一年。可还是没有。部队领导也替他们着急，让她丈夫回内地来住，一边养身体一边休假，一待半年，还是没有。去医院检查，也没查出什么问题。虽然没影响彼此感情，多少有些遗憾。后来，丈夫因为身体不好，从西藏调回了内地，就调到了她所在城市的军分区。也许是因为心情放松了？也许是因为离开了高原？她忽然就怀上孩子。这一年，她已经三十五岁。

怀孕后她反应非常厉害，呕吐，浮肿，最后住进了医院，每天靠输液维持生命。医生告诉她，她的身体不宜生孩子，有生命危险，最好尽快流产。但她舍不得，她说她丈夫太想要个孩子了，她一定要为他生一个。丈夫也劝她拿掉，她还是不肯。一天天地熬，终于坚持到了孩子出生。

幸运的是孩子非常健康，是个漂亮的女孩儿。但她却因此得了严重的产后综合征，住了大半年的医院。出院后也一直在家养病，无法上班，也出不了门，孩子都是姐姐帮她带的，直到最近才好一些。

她坐在我对面，浅浅地笑着，给我讲她这十年的经历，讲她的梦想，她的邂逅，她的他，还有，她的孩子。

她忽然说："今天就是我女儿一周岁的生日呢，就是今天，

9 月 17 日。一想到这个我觉得很幸福。我现在最大的愿望，就是我们一家三口都健健康康的，守在一起过日子。"

不知什么时候，我的眼里有了泪水。我不知说什么好，只能在心里默默地为他们祈福。他们有充足的理由幸福，因为他们有那么美好的相遇，那么长久的等待，那么坚定的结合。

她急着去为女儿买礼物，我只好送她走。在电梯门口，当我与她道别时，忽然想起了不久前看的一出话剧，名字叫《艳遇》，讲的是现代人的办公室恋情以及婚外恋、三角恋之类。看的时候我就想，这算什么艳遇呢？以后我一定要写个真正的艳遇。

没想到这个真正的艳遇，突然就出现了。

他们在世界最高处、最寒冷处、最寂寞处，有了一次温暖的、美丽的、刻骨铭心的相遇。这样的相遇，难道不该命名为艳遇吗？

我想，没有比他们更当之无愧的了。

精彩赏析

作者以第三人称讲述了一个女孩子浪漫的爱情故事。文章描写了女孩和心上人相遇、等待、再次相逢、相守的经历，表现了整个相爱过程的不易。从"她"的语言中，表达了对生活的热爱和满足，也可以感受到两人在最高处的相遇也是最美丽的相遇，更是"一次温暖的、美丽的、刻骨铭心的相遇"。整篇文章的亮点在于标题，标题高度概括了整篇文章的主题。

云端上的哨所

💮 **心灵寄语**

当我们假期游玩的时候，你还不知道，有一群人在边疆地区守卫着我们的祖国，这些人都是让人敬佩的人。

早上 8 点 20，我们离开亚东团部，去东嘎拉哨所。

东嘎拉是亚东所属的五个山口之一，其余四个，有著名的乃堆拉和则里拉，还有詹娘舍和卓拉。其中海拔最高的是卓拉，4670 米，然后是詹娘舍，4650 米，然后是则里拉，4450 米。然后才是我们今天要去的东嘎拉，4300 米。

无论海拔多高，这些山口都有我们的哨所常年守卫。他们在雪山之上、云端之上，保卫着祖国边境的安全。士兵们的艰苦和不易，非一般人能够体会。尤其到了冬季，大雪封山，一堵就是半年，那种蚀骨的寂寞，让人发疯的安静，需要很强的意志力才能够承受。虽然士兵们一年一换，但那一年，已经等同于千锤百炼了。我总是想，在那里待过一年的人，就没什么困难不能克服了。

我去看他们，心里怀着歉意。这样的歉意，是由衷的。

最初我们沿着一条叫卓木玛曲的河走，一段时间后，我们就离河上山了。山中郁郁葱葱。一个回头弯之后，我看见我们身后的路如蛇一般缠绕在山腰。海拔迅速升高。山路很陡，真正的爬山。因为我们要从2900米的地方，一下子上到4300米的地方，垂直升高1300米。其实路程不长，就是二十多公里，但落差大。

到一个交叉路口，带队的崔大校给我们介绍说，往那边上去是则里拉，往那边上去是乃堆拉，詹娘舍还要远。我们这次去不成了。

我知道，那都是些赫赫有名的哨所，以其艰苦著名，也以其重要而著名。

一百多年前的冬天，即1904年的12月，冰天雪地中，英国侵略军就是从则里拉山口偷越过境，进入亚东峡谷的，然后又从亚东深入到帕里，再进攻到江孜，十分猖獗地用洋枪大炮包围了整个江孜城，江孜人民和藏军奋起抗击……这便是著名的江孜抗英保卫战。这一战役从1904年4月开始，到7月结束，持续了大约一百天，是西藏近代史上抗击外国侵略者规模最大、最为惨烈悲壮的战斗。

现在，我们的哨所像钉子一样钉在那里；像盾牌一样挺立在山口；像城墙那样矗立在蓝天下。有了他们的存在，一百年前的血腥入侵绝不会再重现了。我在心里，向他们，向那些盾牌和城墙，致以遥远而真诚的敬意。

我们继续上山。郁郁葱葱的树木忽然没有了，因为我们已升到了雪线以上。路边只有一些低矮的荆棘灌木。铺着雪、盖着雪、裹着雪，寒冷和寒冷纠缠在一起，凝结成一个肃杀的世界。路很窄，只能勉强过一个车。再往上，连灌木丛也没有了，只有雪，白茫茫的一片。

我们的车速很慢很慢，怕轮子打滑，也怕后面的车跟不上来。右边是峭壁，左边是悬崖，无遮无拦，只能走一辆车。好在这样的路，除了军车，没人会走，除了军车，也没人敢走，所以不必担心错车的问题。

这一路上，我们已走了很多这样的路。我知道这样的边境公路，都是我们部队自己修筑的，修筑起来非常艰难，要花很大的代价。现在我们跑的这条路，看着这么险，已经是反复重修过的，已经有很多很多的汗水和心血洒在路上了。

二十七公里后，我们的车终于停在了没路的地方，全体下车，爬雪山。真的是爬雪山。我去过几次边防哨所，但爬雪山还是第一次。

雪很白，阳光耀眼。我们要从海拔 4116 米的地方，上到 4300 米的地方，直线距离 600 米，听起来很短。可是就这 600 米，把我给累得大喘气不止，心狂跳，前所未有地狂跳。

去过高原的人都知道，在高海拔的地方，走平地都会喘气，更不用说爬山了，何况在海拔 4000 米以上的地方。因为太累，我怕自己掉在后面，就努力往前走。这是我的诀窍，越在前面越不容易掉队。

回头看后面的人，尤其看邱将军和崔大校，他们两个都状态欠佳，一个原本身体不好，一个感冒了，但他们两个都很稳地一步步地走上来，坚决不要随行的参谋搀扶。上山之前，我们都很担心邱将军，怕他上到高处流鼻血。他不止一次在高山上流鼻血了。他的血色素是正常人的一倍——二十四克，嘴唇从来都是黑的。刚才下车时我跟崔大校说："要不别让邱将军上山了，让他在车里等我们吧。"崔大校说："那不可能。他绝不会在车里等的。"果然，他和我们一起上山了，而且为了表示他没事，还边走边讲笑话。我听不清他在讲什么，但我听见了笑声。

雪不但白，还平滑整洁，没有一点儿人的痕迹。看来昨晚大雪后还没人走过。可惜我们的双脚把它们给破坏了，一步步的，踩下去咯吱咯吱响。我回头，拿相机照了一行自己的脚印。

忽然，我看见了杜鹃。一丛丛的匍匐在雪地里，尚未开放。叶子墨绿到黑，在雪地里坚强地支棱着每一根枝条，花骨朵紧紧裹着，好像裹着一个承诺：不见初夏的阳光绝不开放。我蹲下来给它们照相。须知在这十天的时间里，我已看到了老、中、青、幼四个阶段的杜鹃，等于看到了杜鹃的一生。

远远地，我看见一队轻快的绿色身影从山顶下来。崔大校说："儿子们接你们来了。"然后又跟我说，"你拥抱一下儿子们吧。"

崔大校叫所有的兵"儿子"，有时还在前面加上个"小"，或者"傻"。我没想到他会提出这个建议。可是，没有理由拒绝。

同行的导演阿岩，连忙举起她的摄像机，去拍下山的战士。我笑笑，继续埋头往上爬，却吧唧一下摔了个跟头，还好只是就地摔倒，没有滑下去。阿岩听见我摔跤，连忙转身想抢拍，结果自己也吧唧一下摔倒了。

绿色的身影走近了，前面两三个，大概是营里和连里的干部，少校一个、上尉一个、中尉一个，他们敬礼，我还礼，然后握手。阿岩在一边催促说："赶快拥抱啊。"我回头笑道："这两个儿子偏大。"

其实我是不好意思，怕自己像作秀，尤其有摄像机在面前。可是，当最后两个小兵走到我跟前时，我忍不住张开了自己的怀抱，一一拥抱了他们。他们看上去完全还是孩子，可那张稚气的脸庞已经变了颜色。就算是作秀，我也不在乎了。

跟战士们一起下来迎接我们的，还有几只可爱的狗狗。有一只叫黄皮，有一只叫杜宾，还有一只叫黑子，它们使劲儿摇着尾巴，说着它们的欢迎词。它们也一定盼着有人来看它们呢。那眼神兴奋不已。

我没要战士扶，自己继续往上走，还没累到那个程度。我有把握。我边走，边跟那个来接我们的兵聊天。这个时候，我希望我和他们一样是军人，而不是长辈，或者是女人。

四十分钟后，终于到达山顶了。站在山顶，看着自己走上来的路，我对自己的身体感到满意。

四周全是白雪皑皑的大山。连绵着，起伏着，袒露着，却没能让我产生"一览众山小"的感觉。在我眼里，它们依然雄伟，依然高大挺拔。此时是上午9点，阳光正年轻。我大口呼吸着缺少氧气却无比新鲜的空气，让自己狂跳的心渐渐平复。

崔大校他们开始工作了，我和阿岩去看哨所的兵。我们俩都穿着军大衣。一个兵看见我，跑过来立正敬礼，然后大声说："嫂子辛苦了！"

这声"嫂子",喊得我心酸。他是把我们当成家属了。

我跟他说:"我不是'嫂子',我也是军人。我们不辛苦,你们才辛苦。"

小兵不好意思地笑笑。我从包里拿出特意带来的烟,拆开,一支支递给他们,想表达一下我的敬意。可他们全都摆手不要。我以为他们是客气,一个老点儿的兵跟我解释说,领导叫我们不要抽烟,这里海拔高,本来就缺氧,抽烟会更难受的。

我真为自己羞愧,怎么就没想到这点?拿这么个东西来给他们。还不如带点儿水果呢。哪怕带些点心、糖果也好。真是后悔!

我们走进他们的宿舍,很简陋,墙上有斑斑水迹,地面也湿漉漉的,一看就很潮。战士说,房顶总漏水。一张张木板床,铺垫得也不厚,被子倒是每人两床,但感觉还是很冷。洗脸盆沿着墙角放在地下,毛巾叠成香皂那么大一块儿,摆在牙缸上,没地方晾晒。

我问:"冬天是不是很冷?"他们说是的,最冷时零下 20 摄氏度。有时雪很大,会堵住门出不去。冰一直冻进窗户里来,他们只好拿棉大衣去堵窗户。

阿岩问:"能烤火吗?"有个兵迟疑了一下说:"可以。"

我有些怀疑。我知道在西藏取暖是个大问题,主要是能源问题。

我又问:"有电吗?"

回答说,每天发电四五个小时,一般是晚上 6 点到 10 点。没有电视可看,只是供战士们看看书,写写信。

在排长的宿舍,我看见了他们的书柜。两个五层高的柜子,放满了书,但几乎所有的书都旧得起了边儿,掉了皮儿。肿得像馒头。

想想，幸好我们带了一些新书上来。

我们又去了厨房，两个战士正在做饭，很简陋。我看了一下盆里洗的和案板上切的，有蒜薹、大白菜、辣椒和南瓜。看来蔬菜还能够保障。一个兵说，团里每月给他们送一次蔬菜。

走出来，我看见屋檐下摆着一个很大的铁桶。我问那个是干吗的？他们回答说是接屋檐水的。"接来干吗？喝吗？"我又问。他们说："是的。用药片洁净一下，作饮用水。"

我感到吃惊。但细细想：不喝屋檐上雪化的水，在这个高山顶上，还能喝什么水？

本想和他们多聊几句，可他们都很拘谨。问一句，说一句。没有多的话。两个陪我们参观的兵，都是一级士官。小个子来自重庆万县，高个子来自山东威海，他们好像生怕我们担心似的，一个劲儿地说："我们生活没问题，现在上级很关心我们。"

我不知他们是由衷这样说，还是出于懂事这样说，无论怎样，我听着心里难过。我宁可他们发点儿牢骚，说点儿怪话，叫叫苦。

走出哨所，心里特别不好受。

看到陪我们上哨所的边防团邱政委，我就走过去跟他说："哨所的宿舍太冷了，能不能给他们安上棉窗帘？"邱政委说："原先也想过，但怕他们不透气。屋子的空间本来就小。"我说："平时卷起来，下雪的时候再放下，总比他们拿大衣去堵好。"邱政委说："有道理，我回去就安排落实。"崔大校在一边听见了，强调说："这件事必须落实，下次我来的时候要检查。"邱政委说你放心，我们一定落实。

　　邱政委已经当了五年政委了。我相信他一定会落实的。心里还是难过，不知道能为这些战士做些什么。

　　崔大校他们的工作结束后，我们开始把带来的书赠送给哨所。全体战士集合站好，我们将书一一送给他们。

　　送书的时候，我看见阿岩和战士们一一拥抱。她个子小小的，须踮起脚来才能与战士拥抱。但她依然以母亲和姐姐的胸怀，将高大的战士们揽进怀里。我相信那一刻她的心里溢满了柔情。

　　我相信那些年轻的士兵能真切地感觉到她的柔情。对他们来说，今天将是非常难忘的一天。也许当兵两年，不会再有这样的情形了。遗憾的是书太少了，更遗憾的是，我们这么匆忙就要走，不能跟他们好好的交谈，跟他们好好的乐乐。我们能为他们做得太少、太少了。我们就在山上待了两三个小时。

　　合影留念后，我们下山。战士们纷纷来送，狗狗也跟着送。那只叫黄皮的狗，一直送到山脚。看着我们走远了，头还在那儿一点一点的，目光有些忧伤，好像在说，什么时候再来看我啊？

　　而我，不能给他们任何承诺。

　　（注：此文写于2005年，今天的一线哨所已经有了很大的变化，条件改善了很多，但依然寒冷缺氧，依然艰苦。而文中所写的邱将军，已于2011年5月病故。）

精彩
—赏析—

　　这篇文章是作者参观东嘎拉哨所之后写下的。文章中，作者详细描写了坚守哨所的战士们的生活状况，以此表达对这些守卫人员的敬意。文章开篇介绍东嘎拉的地理位置，这里的环境十分艰苦，守卫人员在东嘎拉哨所中生活需要非常强的意志力，要耐得住寂寞。从作者的描述中看到，同行人都不适应山上的气候，这也从侧面烘托出守卫人员的伟大。最后一部分作者采用心理描写，表达了自己对战士们深深的敬佩和不舍。

西藏的树

🌷 心灵寄语

　　说到西藏，大多人都会用美丽壮观来形容，但是最能代表西藏的是这里的树。西藏的树确有着不一样的美，这种美是坚韧不拔的，就和守在边疆的战士一样美。

　　一直听说日喀则郊区有一片红树林，很漂亮。我去过日喀则多次竟不知道。听名字像异国风景区。那次工作全部结束后，我们就起了个大早去看红树林。可惜老天不给面子，阴着。我还是第一次在日喀则遇到这样的阴天，有些不习惯，好像不是在西藏似的。

　　街上很静。也许这个城市就没有嘈杂的时候。年楚河静静流淌着。我们没行多远，就看到了那片树林。的确很大一片，而且树干很粗壮。

　　红树林其实不红，它就是柳树林，同样是绿的树冠，同样是褐的树干，与其他柳树一样。风吹过，也同样摇曳着，婀娜多姿。

　　这些柳树不知道有多少年了，也不知道是谁种下的，在经历了数不清的风霜雪雨后活了下来，活成了一道风景。其中最粗的几棵，树干被涂成了红色，是那种寺庙里特有的红色。分区的同志说，那是喇嘛涂的，涂以红色表示吉祥。红树林的名字，也是因为这几棵树而来。

在我以往的感觉里，柳树是柔弱的，纤细秀丽的。比如我故乡西湖边的柳，它们和桃树夹杂着，沿堤而生，与西湖秀作一处，十分和谐。但见到了西藏的柳树后，我彻底改变了看法。原来柳树是那么强壮，那么有耐力，耐寒、耐旱、耐风沙。它们经常出现在不可思议的地方，图解着"绿树成荫"这个词。尽管它们的枝叶仍是摇曳多姿的，但树干强壮如松柏。

川藏线上的白马兵站，有一院子的大柳树，那柳树密集到盖住了整个兵站的院子。你在别处若怕太阳晒，得费点儿劲才能找到树荫，但你在白马兵站，想要晒太阳的话得走出院子去。这让我发现，柳树也喜欢群居呢。一活一大片。

我们走近看，这片柳树林都是西藏特有的左旋柳。树的枝干是旋转着生长的，模样很像小时候我帮母亲扭过的被单，当然，人家比被单粗壮多了，硬朗多了。

我们在红树林恭候了很久，太阳始终没有出来。这意味着，我还得再去看它们一次。我太想看到它们在阳光下的样子了。那会是一幅完全不同的美景。

我喜欢西藏的树。

不仅仅因为西藏的树很珍贵，而是它们所呈现出来的美丽非同一般。你在西藏的路上跑，要么看不到树，一旦看到了，肯定是极其茂盛的、健壮的。即便脚下是沙砾，枝干上覆盖着冰雪，它都充满活力。也许真正健壮的树，恰是因为经历了风霜雨雪的，恰是在最难成活的环境里活了下来的。特别是往日喀则方向走的时候，汽车沿冈底斯山脉前行，一路看到的，全是褐色的山峦、褐色的沙砾地，没有一点绿色。但是走着走着，你眼前突然一亮：某一处的山洼，一股清泉般的绿色从山中涌了出来，那便是树。数量可能不多，可能成不了林，但只要有树，树下便有人家、有牛羊、有孩子、有炊烟、有生命。你就会在漫长的旅途中感到突如其来的温暖和欢欣。我不知道人们是居而种树，还是逐树而居？西藏最茂盛的树木，当然在海拔相对低一些的藏东南。如果你去米林，从山南翻过加查山之后，一路上就经常可以看到大如天伞般的树了。一棵树就遮住一片天。我记得有一棵大核桃树，极其壮观，恨不能把整个村庄都罩在树下。站在树下一抬头，满眼密密匝匝的，全是圆圆的绿皮核桃，像挂满了小灯笼。我很想把它照下来，却怎么都无法照全，好像面对的不是一棵树，而是一座果园。军区大院的树也很棒。路两边和办公区里的柳树，都是左旋柳，都那么粗壮、那么茂盛。是高原特有的一种柳树。我在内地的确没见过这样的柳树，我在猜想，是不是因为它要躲避风雪，扭过去扭过来，就长成了这样？枝干很苍老，纵横交错的树纹昭示着它们生存的不易。但树冠永远年轻，永远郁郁葱葱。这些树，都是当年十八军种下的。五十多年前十八军到拉萨时，军区大院这个位置是一片荒地。要安营扎寨，首先就得种树。树种下了，心就定了。树和他们一起扎根。他们种了成片的柳，成行的杨，还有些果树和开花的树。我在司令部的院子里见到了一棵美丽的淡紫色的丁香，细碎的小花在阳光下静静地开放。人们常说西藏是神奇的，在我看来，神奇之一就是栽下去的树要么不能成活，若活了，风摧雪残也一样活，而且必定比内地长得更高更壮；如果是花，必定比内地更美更艳；如果是果，必定比内地更香更甜。据资料记载，20世纪50年代初，十八军为了在西藏扎下根，自己开荒种地，种出的南瓜、萝卜，每个都大如娃娃，重达五六十斤，土豆一个就有半斤。蔬菜丰收的时候，当地百姓看得眼睛都大了。半个世纪过去了，十八军当年种下的树，如今早已成行、成林、成荫、成世界。每棵树都记录着拉萨的变迁，记录着戍边军人走过的一个又一个春夏秋冬。在我看来，它们个个都该挂上古木保护的牌子。

我去海拔最高的邦达兵站时，非常欣喜地看见，他们在那里种活了树。邦达海拔太高，气候太冷，方圆几十里从古至今没有一棵树。据说曾有领导讲，谁在邦达种活一棵树，就给谁立功。我去之前，听说他们种活了一百三十八棵，不知他们立功没有？那天我一到邦达兵站就迫不及待提出要看他们的树。站长虽然忙得不行，还是马上陪我去了。站长穿着棉衣，棉衣上套着两只袖套，别人不说是站长的话，我还以为他是炊事员。他把我带到房后。果然，我看见了那些树，是些一人多高的柳树和杨树。尽管寒风阵阵，树的叶子毕竟是碧绿的，昭示着它们的勃勃生机。站长坦率地告诉我，在刚刚过去的这个冬天，又冻死了几棵，现在已经没有一百三十八棵了。不过，站长马上说，今年春天我们在新建的兵站又种下去两百多棵树，大部分已经活了。站长的样子充满信心。我真为他们感到高兴。树能在这里存活，实属奇迹。这里不但海拔高，而且气温极低，年平均最高温度十五度，冬天常常降至零下三十多度。四周全是光秃秃的山，不要说暴风雪来临时无遮无挡，暴风雪不来时也寒冷难耐。

种树时官兵们先得挖上又深又大的坑，将下面的冻土融化，然后在坑里垫上薄膜，再垫上厚厚的草以免冰雪浸入后烂根。树又比不得蔬菜，可以盖个大棚把它们罩住，它只能在露天里硬挺着。冬天来临时，官兵们又给每棵树的树干捆上厚厚的草，再套上塑料薄膜，下面的根部培上多多的土，然后再用他们热切的目光去温暖、去祈求。除此之外他们还能做什么呢？要能搬进屋他们早把树搬进屋了，甚至把被窝让给它们都可以。一旦那些树活过了冬天，春天时抽绿了，那全兵站的人，不，应该说全川藏兵站部的人，都会为之欢呼雀跃。可这些树并不理解人的心情，或者理解了，实在没办法挨过去。有些挨过第一个冬天，第二个冬天又挨不过了。有些都挨过两个冬天了，第三个冬天又过不去了。谁也不知它们要长到多大才能算真正的成活？才能永远抗住风霜雨雪？谁也不知道。因为这里从来没出现过树。但这并不影响邦达人种树的决心，他们会一直种下去。他们要与树相依为命。终有一天，邦达兵站会绿树成荫，那将是世界上最高大的树，是需要仰视才能看到的树。

西藏的果树也很著名。尤其是苹果树。西藏栽种苹果树的历史，是从十八军开始的。据资料记载，十八军政委谭冠三，是个喜欢种树的人。他号召各部队进驻西藏后，一路种树。官兵们就从内地带去那些适合高原的树苗，想尽一切办法让它们在高原上成活。谭冠三还亲自试种苹果树。在他的带动下，苹果树终于结出了又甜又脆的苹果。所以西藏的苹果有两个名字，一个是"高原红"，一个是"将军苹果"。我第一次去林芝，就对那里的苹果树难以忘怀。正值秋天，一路上都能看到树上挂着累累的果实，营房前后也到处飘着苹果香。

我们早上出发的时候，就从门前的苹果树上摘一些苹果扔在车上，一路吃着走。那感觉真是好。西藏的日照充足，水又纯净，所以苹果特别好吃。我在 185 医院采访时，还吃到了他们自制的苹果干。那里的医生和护士告诉我，她们每年都要把吃不完的苹果晒成干，带回内地去，给家里人吃。他们觉得他们一年到头待在西藏，什么也不能为家里做，这是唯一能贡献给家人的了。其实他们的贡献，树都知道。或者可以说，他们就是高原上的树，是最顽强的最挺拔的，亦是最美的树。四季常青，永不凋零。如果说在西藏，天有多高，山就有多高，那么，比山更高的，就是树了。它们生长在西藏那样高的山上，肯定比别处的树更早地迎接风雪，也更早地迎接日出。

对那样的树，我充满敬重。

精彩赏析

在这篇文章中，作者开篇用了大量的笔墨描写了日喀则郊区的红树林。这片红树林是有生命的，文章不仅表达了作者对红树林的喜爱，同时也表达对戍守边疆的官兵们的敬爱。随后作者描写自己见到红树林的场景，作者用"强壮""有耐力""耐寒耐旱""耐风沙"来形容这片红树林。在文章的结尾处，作者升华主题，将高原军人比喻为高原上的树，其实就是为了赞美战士们的美好品质。西藏的树其实就代表着守卫在边疆的战士们，他们在高原上坚守着自己的岗位，他们就像树一样顽强挺拔，"四季长春，永不凋零"。

黄连长巡逻记

🌸 心灵寄语

> 人们常说，战士们是最可爱的人。的确如此，战士们处境远远没我们想象中那么简单，他们在高山上遭遇的困难是我们难以想象的。

　　吃过晚饭，黄仕刚听见营长赵灿军叫他出去走走。黄仕刚想，肯定是跟他商量这次巡逻的事，连忙小跑两步跟上。营区四周没有一条平坦的路，不是上坡就是下坎，但两个人的速度都很快。不像散步，像行军。不知不觉就走到了吊桥上。吊桥下是汹涌的怒江，江两岸是险峻的山峰，一边是高黎贡山，一边是碧罗雪山。桥面微微晃荡着，仿佛被滔滔江水的吼声震到了。走到桥中间，赵营长停下，探身向桥下望去，同时招呼黄仕刚上前。黄仕刚稍稍迟疑了一下，上前用手扶着吊桥的护栏。赵营长非常敏锐地说，你有恐高症？黄仕刚立即否认：没有。赵营长说，那你能不能不扶护栏？黄仕刚顿了一下，把手背在身后，探头向桥下看去。尽管他努力克制着，脸色还是有些发白。赵营长看出来了，他的确有恐高症，但还不严重。

赵营长这次到他们三连，是专门为组建巡逻队来的。其实作为一个边防连，巡逻是家常便饭。尤其是他们三连，驻守在怒江州贡山县，它是云南省距省会最远的边疆小城。全连官兵肩负着守卫一百七十二公里边防线的艰巨任务。故每月都有八个边防日，专门用来巡逻。

但这次巡逻不一样，这次他们要去的是几个非常不易去到的界碑，全都在高海拔的山顶。尤其是43号界碑，在海拔4160米的德纳拉卡山口。那里方圆200公里都荒无人烟。每年10月到来年5月，大雪封山，6月雪刚化，雨季就来了，泥石流、山体滑坡随时发生，自然环境非常恶劣。故全年只有9月中旬到10月中旬可勉强通行。他们必须抓住这短暂的时间，去43号界碑巡逻。

由于任务艰巨，这次巡逻惊动到了云南省军区，惊动到了怒江军分区。两级军区专门开会研究，反复讨论，制定方案，确定人员。态度坚决而又慎重。最后，确定巡逻时间为9月19日。一线总指挥为分区副参谋长董代尧。而副总指挥，就是独立营营长赵灿军。

赵灿军是大理人，白族。赵灿军几次到三连，亲自挑选参加执勤分队的人员。要体能好的，心理素质好的，适应性强的，五公里越野成绩优秀的，并且参加过两次以上巡逻的。这么几个条件筛下来，选上的全是尖子了，比如二班班长贾福林，一班班副李成龙，通信员刘福川，卫生员何洪永……至于分队长，他首先想到的肯定是连长黄仕刚。

黄仕刚，1986年生人，老家云南迪庆。毕业于昆明陆军指挥学院，军事素质非常好，管理能力也很强。在当三连连长之前，他是二连副指导员。黄仕刚虽然才 27 岁，但自六年前军校毕业分配到怒江军分区后，军分区所属的 30 块界碑，他已经走了 20 块，算得上"老边防"了。黄仕刚也觉得，自己是铁定要参加这次巡逻的。一个连有几个连长？一年有几次这样的任务？他连长不参加像话吗？

但他心里隐隐担忧，就是这个恐高症。刚上军校时他就发现了自己这个弱点，不管是跑，还是跳，还是投掷，所有训练科目他都没问题，但只要一登高，他的成绩就会弱下来。比如障碍跑里的平衡木、翻高，虽然也能完成，但总是差一些。这么些年来他一直在暗中锻炼自己、克制自己，甚至骂自己：你一个边防军人，藏族汉子，哪有资格得恐高症？

没想到竟然让营长看出来了。也许赵营长早有察觉，有意把他领到吊桥上考他的。黄仕刚急得当即在吊桥上立正：营长，我没问题！我能克服！

营长严肃地说，这次巡逻的点都在高海拔地区，有几段路程就在山脊上，有恐高症根本没法过。你是连长，不但要自己过去，还要带领战士们过去。你跟我说实话，行吗？

黄仕刚说：行！我能行！我一定会克服的！

黄仕刚的声音几乎被怒江的吼声吞没，但他坚毅的目光已经感染了赵灿军。赵灿军像兄长一样拍拍他肩膀，让他蹲下来。赵灿军生于 1980 年，也是个 80 后。他让黄仕刚从桥缝儿往下看，耐心地说：关键是不要紧张，不要回避，越是怕越要有意识地锻炼自己。我查过资料，恐高症是可以治愈的。我相信你。

黄仕刚睁大眼睛去看桥下的汹涌波涛，一阵眩晕伴随着一阵恶心。他用毅力控制着，但脸色煞白。从那天起，黄仕刚就给自己增加了一个训练科目：跟自己过不去，专门上那些又险又高的地方往下看。从一次十分钟，到一次二十分钟，逐渐加时、加量……

当然，黄仕刚知道，要完成这次巡逻，仅仅克服恐高症是远远不够的。巡逻人员确定后，他们开始了非常具体的准备工作。一次次在图上作业，一次次去实地调研，一个点一个点地摸情况，因为山体滑坡，河流改道，每年地形都在发生变化。各种比例的图纸反复琢磨，地形、气候，乃至风土人情都要烂熟于心。参加巡逻的二十名战士，更要进行适应性训练、野外生存训练。黄仕刚脑子里就一个念头：越是困难的巡逻任务，越是要圆满完成。

黄仕刚没当兵之前，从宣传画中看到过解放军叔叔巡逻。画面上常常是这样的：一队战士穿着整齐的军装，戴着栽绒棉帽，手握钢枪，昂首挺胸，迎着朝阳行进在皑皑白雪的边境线上。但自打他参加过真正的巡逻后，就知道巡逻是没有那么好看的画面感的。尤其是在云南边关巡逻，经常要穿越荆棘丛生、沟壑密布的山林，巡逻的战士很难迈开大步，更不能昂首挺胸。他们往往需要手脚并用，需要走一步看一步，甚至走一步开凿下一步，拽树枝、捆绳子。用狼狈来形容也一点儿不为过。说点儿细节吧：比如一脚踩进泥淖里，拔出脚继续走，等鞋干了就满鞋是沙，满脚血泡；比如被毒蚊子咬了，眼睛迅速肿起，连路都看不清；比如蚂蟥成群结队袭击，把风油精全涂抹到身上都不管用。还比如，雨下个没完，军装湿透了，刚刚被体温烤干又湿透了……

可是不管有千难万险，每个战士都想去，生怕去不了。选上的战士就跟中了大奖一样高兴。黄仕刚笑眯眯地看着他们，他是中大奖的老大。

　　终于到了出发的日子。出发前的晚上，黄仕刚给迪庆老家的父亲打了个电话，告诉父亲，明天一早他就要带领执勤小分队去执行最难、最险的巡逻任务了。往返大约六天，暂时不联系了，回来再打电话。藏族老阿爸没有说更多的鼓励话，只是简短地说：我会为你和你的战友们烧香祈祷的。

　　黄仕刚很感激父亲。虽然他嘴上说没事，不用担心。心里却无法不担心。毕竟，这次的巡逻非同一般，是往高海拔地区走。他们的驻地海拔约 1500 米，他们要上到海拔 4100 米的雪山。仅仅海拔落差就有近 3000 米，还要越过 18 条河流。他担心的不是自己，而是可能发生的意想不到的困难。虽然已做了多种预案，心里还是不踏实。自来到怒江，每次黄仕刚带队巡逻都会遇到恶劣天气。不是下雨就是下雪，或者大雾，或者泥石流。他总觉得老天爷特别喜欢给他出难题，为难他。

　　不过，当第二天一大早，黄仕刚集合起执勤分队，下达出发令时，战士们从他脸上看不到一丝阴影，他的声音和笑容都充满了自信。当司令员大声问：同志们有没有信心完成任务？他和战士们一起响亮地回答：有！

　　现如今，我军的装备已大大改善，有了相当给力的巡逻车。但巡逻车并不能去到每一个界碑，或者说，公路并不能通到每一个界碑。比如 43 号界碑。当执勤分队乘坐巡逻车，翻过高黎贡山，沿独龙江公路抵达迪正当村后，就无法再享受四个轮子了，必须徒步开进。而这个时候距离 43 号界碑还有 70 公里，这 70 公里是图上的直线距离，真正走起来得加上一倍。何况，由于路途遥远，每个官兵除武器装备外，还要背负几天的干粮和水，背负宿营用具，背负开路工具，背负氧气袋，等等。每个人的负重都在 35 公斤以上。若是通信员、卫生员，还要加上电台和药箱，更重。

准备了那么久，等的不就是这一天吗？黄仕刚和战士们信心满满地出发了。

第一天很顺利，傍晚按时抵达了第一个宿营地白马村。说是村，并没有村落，他们就在山里以一棵大树为中心，安营扎寨。按预定方案，第一天的路程不能太长，作为先期适应；第二天再加大力度，作为极限考验；第三天再放慢调整，作为耐力考验。从后来的情况看，这方案很英明。

第二天他们开始向卡贡瓦出发。从白马村到卡贡瓦，海拔高度要从 1200 米升到 2600 米，其间要翻越五座大山和数条河流。相当艰难。老天爷果然开始"为难"黄仕刚了。下雨，下雨，他们一直在雨中跋涉，脚下的路越来越滑，越来越烂，稍有不慎就会摔倒，行进的速度不得不减慢。黄仕刚心里暗暗叹气：雨季都结束了，怎么还下个没完？难道真的是我运气不好？他忍不住叹道：天意啊。

黄仕刚的叹息声刚落，走在他身边的两个战士就学舌道：天意啊，天意啊。黄仕刚立马意识到，不能让这种情绪弥漫。他很霸道地吼了一嗓子：从现在开始，谁都不许再说这句话！

大家就憋着一股劲儿往前走，就不信战胜不了老天爷。平时常说的那两句话，不能把国土守小了，不能把界碑守丢了，已经化作了眼前非常具体的每一步，每一步。终于，在天黑前，他们到达了第二个宿营点卡贡瓦。

黄仕刚松了口气，但仅仅是松了一口气，他就被剧烈的胃疼袭击了。瞬间脸色苍白，冷汗直冒，直不起身子。营长赵灿军在一旁看着真是心疼，估计他是一路上吃干粮、喝冷水导致。黄仕刚很生自己的气，恐高症没发作，胃病却发作了，太不争气了。他倔强地不肯休息，吃了卫生员给的止疼药，就忍痛和战士们一起搭建宿营地。一个多小时后，胃疼败下阵去。

第三天，迎接他们的是更加艰难的路程：先要登上海拔 3700 米的担当力卡山，再要经过冬雪融化后形成的沼泽地，然后向 4200 米的白马拉卡山进发。沼泽地如死亡陷阱，步步惊心。赵营长亲自拄着一根树棍在前探路，不断发出指令，走一步让战士们跟一步。200 米的沼泽地，他们走了整整 40 分钟。每个人的衣服都湿透了：那是由冷汗和热汗一起浸透的。

裹着被汗水湿透的军装，再向海拔 4200 米的白马拉卡山进发。所有人，包括黄仕刚在内，体力消耗都已达到极限。偏偏高原反应袭来，个个胸闷气短、脸色煞白，有个战士还晕了过去。黄仕刚虽然没有晕倒，也明显感觉到了高原反应，脚好像不再是自己的，人也有些恍惚，仿佛大脑一片空白。他努力站稳，定了定神，暗暗告诫自己，这种时候，自己绝不能出状况！有时候，人的意志真的很管用。黄仕刚一口氧气没吸，就挺过了高原反应。他的意识很快恢复了，在和赵营长商量后，决定为减少高原反应从山下绕行，宁可多走四五公里路。傍晚，终于到达了第三个宿营点，拉达节。

脱下靴子，每个战士的双脚都是血泡。因为被泥浆灌满的靴子，摩擦力很大。战士们睡下后，黄仕刚跟着赵营长，捡起一双双靴子放到火堆旁烘烤。瘦小的赵营长绝对有着大哥的风范。他说，晚上烤干了，明天他们就可以穿上干爽的靴子走路了。

9 月 23 日，登顶的日子到了，就要抵达 43 号界碑了。

山中大雾笼罩，能见度很差。经卫星定位系统测定，43号界碑就在他们前方几公里之外的德纳拉卡山口。一线指挥部决定把最后的任务，交给黄仕刚去完成。

出发前赵营长对黄仕刚说：我要你记住两点，去的时候你要走在最前面，给战士们带路；回来的时候你要走在最后面，确保每个战士都在你前面，安全回到营地。

黄仕刚大声回答：是！

黄仕刚知道，最后的考验到了。不仅仅是要登上海拔4160米的德纳拉卡山口，而且在登上德纳拉卡前，他们必须经过一道山脊。那山脊两边都是悬崖，宽不到90厘米。每年只有在冰雪融化后才能勉强通过，是典型的刀脊背。那天天气依然不好，刮着四五级大风。稍有不慎，就会从刀脊背上掉下悬崖。

黄仕刚先率战士们用绳索固定好两头，然后第一个走上刀脊背。比起训练场上的平衡木，比起怒江上的吊桥，眼下的刀脊背，是没有可比性的真正大巫。一些从来没有恐高症的战士，也感到双腿发软，微微有些打战。黄仕刚却没有丝毫犹豫，率先走了上去。稳稳地，一步步地，过了刀脊背。

事后黄仕刚跟笔者说，真是奇怪，到了那个时候，我完全忘了自己有恐高症。责任在肩，只想着要完成任务，要给战士们做榜样，要保证每个战士的安全。脑子里想的全是这些，没有一点空余想自己了。

黄仕刚第一个冲上德纳拉卡山口，第一个扑向亲爱的43号界碑，他的兵跟在他身后一起扑了上来。他们激动地向指挥部报告，激动地用带来的矿泉水擦洗界碑，然后用红漆重新描摹界碑上"中国"

两个大字……在那一刻，界碑就是他们亲爱的祖国。

站在山口，黄仕刚深深地吸了一口清冽的缺氧的空气。忽然发现，云开雾散，眼前出现了苍茫雄伟的梅里雪山！他故乡的山！尤其是那座被人们誉为神山的卡瓦格博峰，竟在阳光下清晰可见！

望着险峻而又秀丽，灿烂而又神秘的卡瓦格博峰，黄仕刚激动万分。原来，老天爷在给了他种种考验后，没有忘记给他奖励，那是最高的奖励：让他站在最高处，望见家乡，望见心中的神山。

精彩 —赏析—

文章详细介绍了黄连长，写出了黄连长为了完成这次巡逻，克服了恐高症，从侧面烘托了黄连长作为军人不怕困难，勇挑重担的优秀品质。在巡逻旅程中，作者多次采用动作描写和心理描写刻画不畏艰辛、坚韧不拔、勇敢向前的战士们。通过作者的描写，我们知道这段巡逻旅程非常艰辛：下大雨，路滑，胃疼，沼泽地，高原反应，体力不支，路途遥远，能见度差，悬崖……最后一段作者描写了执勤分队队长黄仕刚站在海拔4160米的德纳拉卡山口所看到的景色，寄情于景，情景交融，表达了自己对战士们的爱戴和尊敬。

从绝境中突围

> 每次天灾救助中，都会涌现出一群不怕困难、舍己为人的战士们，他们是最可爱的人。

炮团团长周洪许大概从来没想到自己也会陷入绝境。这位生于1971年的年轻团长，这位具有硕士学位的中校，这位成都军区老牌先进团队的主官，在2008年5月17日夜里，陷入了此生从未有过的绝境中。

因为他不是一个人，他的身后还有两百多名官兵、两百多名需要疏散的群众。这就让他更加忧心如焚。

其实从5月14日凌晨，周洪许率炮团从遥远的云南开进绵竹参加救灾以来，就没有一天不经历危险，没有一天不在突围。因为他们担负的是绵竹汉旺镇受灾最重、位置最偏远的三个乡的救灾任务，几乎就是在危险里打滚。出生入死这个词对他们来说不是形容，是每天的状态。

最初炮团到达汉旺镇时，当地指挥部并没有派他们去最危险的乡镇救灾。可是周洪许很快发现，汉旺镇的救灾部队很多，已难展开，而隶属汉旺镇的三个偏僻遥远的乡：清平、金花和天池，却还没有部队前往，那里的群众受灾情况很严重。

周洪许和他的团队历来是喜欢啃硬骨头的，他立即找到指挥部领导，请求把这一急难险重的任务交给他们炮团。指挥部领导非常感动，也非常信任他们，很快就同意了他的请战。

从这点看，危险和绝境都是周洪许"自找"的。

下午两点半，周洪许立即收拢部队所有人，命令一部分人留守，守护沉重的物资，其余六百六十名官兵，携带三日份主食，两日份干粮，向三个乡进发。这个时候，全体官兵从接到命令开进四川以来，已经一天两夜没有休息了。

其时，通往三个乡的路已不成其路，强震造成的大面积山体滑坡将多处道路拦腰截断，很多路面严重变形，不时有山石从山上滚落。从汉旺镇出发不久，道路就截断了，六百余官兵下车徒步，兵分两路，以急行军的速度向山乡进发。

周洪许率其中一路前往清平乡，政委率另一路前往金花乡。再往前，两路又分别再分两路成四路，每一路都如利剑般射向边远乡村，给那里的灾民带来生的希望，他们一路走，一路救人；一路走，一路开辟通道；一路走，一路分发救灾物资。百姓们看见他们好像看见救星一般，眼里充满了希望。

前去侦察的士兵向周洪许报告，清平乡百分之八十以上的房屋都倒塌了，人员伤亡较大，一直在等待救援。天黑前，经四个小时的急行军，周洪许所带的分队进入了清平乡，与乡领导见面后，简单交换了一下情况后即刻展开了救援。

展开救援的情况大同小异，我不再描述。我把这组数字写在这里：截至 21 日，炮团官兵从三个乡的废墟里救出幸存者五百七十四人，转移受灾群众近七千人。还做了大量的修路、修停机坪、装卸救灾物资以及消毒防疫等工作，受到群众和临时指挥部的高度赞扬。

但其中的一次特殊营救，有必要详写。

那天（15 日）黄昏，当周洪许指挥官兵转移大量受灾群众出山时，忽然接到群众报信，说清平乡云湖国家森林公园有十八位专家被困，生死不明，请立即前去营救。由于道路和通信完全中断，公园遭受破坏程度和被困专家的情况一无所知。

乡长和乡亲们听说了，都纷纷劝周洪许第二天天亮再走，他们说那条路非常危险，夜里走就更危险了。但周洪许感到一刻也不能耽误了，立即从救灾部队中挑选精兵强将一百四十人组成营救小分队，在当地向导带领下迅速出发。他们从公园后山徒步翻越海拔近两千米的高山，沿途塌方、滑坡险情不断，经过近四个小时的急行军，小分队于晚上 10 点到达了森林公园。森林公园已没有了往日的秀丽与安宁，到处都是倒塌的房屋、残垣断壁。官兵们来不及喘气，兵分五组展开搜索。半个小时后，在一块不大的草坪上的一顶帐篷里，找到了被困的老专家！

看到一群身着迷彩服的官兵，专家们又惊又喜：你们真是神兵天降啊！这些老专家全是六十岁以上的老人，一时间老泪纵横。其中一位八十四岁高龄的老人黄锐说：“我们就知道政府不会不管我们，解放军肯定会来救我们的，终于把你们等来了！"

据老人们讲，地震时他们正在屋里休息。房子倒塌，夺去了三位专家的生命，另有三人受重伤。幸好云湖公园的工作人员将他们组织在一起，把仅有的粮食集中在一起，保证他们每顿能喝上稀饭。战士们马上用自带的炊具给老人们埋锅做饭，同时为受伤的老人包扎伤口，还从废墟中寻找出了存有重要资料的笔记本电脑。

待一切就绪，夜已经深了，并且下起了小雨，为确保专家们的生命安全，周洪许决定第二天天亮再走。他就和战士们裹紧雨衣，在老人们的帐篷外，坐了整整一夜。

第二天早上6点，战士们就找来竹竿、木板、绳索制作了十五副简易担架，准备让每个老人都坐担架。8点整，官兵们准备分组抬老人上路。看到官兵们的艰辛，几位老人执意不肯上担架，要自己走，七十一岁的陈忠友老人说："你们太累了，要是背我我就不走。"但战士还是把老人背在了背上。

山高路险，危机重重。战士陈玉乾左脚不慎踩中约四寸长的铁钉，差两毫米脚就被穿透，血流不止，但还是咬着牙坚持走了回来。一路上，不少受灾群众看到解放军，就跟了上来，队伍越来越大，周洪许非常谨慎地指挥这支特殊的队伍，终于在下午两点将老人们护送到了清平乡一个较为安全的广场。

周洪许立即向上级报告，请求派直升机运送老人到成都。

下午6点半，直升机降落在清平，他们将老人一个个扶上飞机，看着飞机升空离开了灾区，周洪许的一颗心才放回到肚里。

但周洪许还来不及喘口气，又一个让人心惊的消息传来：清平乡偏远处的两个自然村里，还有两百多名老弱病残没有撤离，而他们所处的位置已成孤岛，在他们的上方有两个堰塞湖已成悬湖，随时可能决堤，所以必须将他们尽快解救出来。

周洪许又一次主动请缨。他对清平乡党委书记谭书记说："这个任务交给我们吧，我们一定把这些群众解救出来！"

谭书记真是于心不忍。此时是 16 日晚上 8 点，且不说天黑路险，周洪许和官兵们也已经三天两夜连续作战、极度疲惫了。但周洪许说："你放心吧谭书记，我们是乌蒙铁军，没有过不去的坎，能进去就一定能出来！"

说罢他一刻也没耽误，带领两百多名官兵出发了。虽说他向书记拍了胸口，但还是有些担心的，若不抓紧时间进去，恐怕就进不去了。那里将成为死亡地带。

"我当时只想着赶紧把那里的群众解救出来，丝毫没想到自己会陷入绝境。"采访时周洪许团长老老实实地对我说。

但是我想，他就是想到了，也一样会马上出发的。

因为他是军人。

和他一起前去的，是团装备处处长赵岗和后勤处副处长张开顺。他们以急行军的速度开进，一路上的危险无暇细说。到达后，迅速将剩余的两百名群众组织起来。

周洪许发现，这些落在后面的灾民，大多是伤病员，老人、孕妇、孩子是最弱的群体。这使得护送任务变得更加艰巨。

17 日早上 6 点左右，天蒙蒙亮，战士们扶老携幼上路了。张开顺带领八名战士做开路先锋，周洪许则带着其余两百名官兵和两百多名受灾群众紧随其后。赵岗殿后。沿途塌方、滑坡险情不断，道路因乱石和倒掉的树木而障碍重重，队伍缓慢地前进着。抬头望去，山崖欲坠未坠，面目狰狞。

在离开清平乡两公里左右时，突然发现没路了：昨天夜里他们过来时还是浅浅的可以涉过的水流，此时已形成两百多米宽的堰塞湖。湖水大约深六十厘米，水流湍急，形势危急。

周洪许先考虑用废弃的汽车轮胎当小舟将人渡过，可是水很大，还在继续上涨，一旦轮胎倾翻，群众的安危、战士的安危，让他不敢冒这个险。

作为先行官的张开顺随即找来一条钢丝绳，让水性好的两名战士将钢丝绳的两头分别固定在湖面两端的大石头上。然后，部分官兵手拉着钢丝绳下到水中，手拉着手组成一道人墙后，护送灾民一一走过。有位体弱的妇女走到一半，竟被水冲得漂了起来，幸好战士在身边护送，一把将她拽住拉了过去。

第一道险关过了。

没想到走了不到两公里，险情又出现了：又一两三百米宽的堰塞湖出现在面前，不仅水流湍急，而且比前面那个堰塞湖深得多，昨天还冒头的树木都被淹没得看不见了，人下去必定没过头顶。

道路再次中断。

周洪许命令队伍向另一处绕行。

没想到那里竟是一道悬崖！

"原路返回，等候救援！"周洪许再次下令。

可是当张开顺带先遣队返回到先前的堰塞湖时，才发现水面已经上涨，就是用钢丝绳也无法再渡。就是说，他们不可能从原路返回了。

一时间官兵们进退两难。

此时他们与外界的通信联络完全中断，想求援也不可能。

张开顺不甘心，找来一根背带系在一名战士腰上，拉住，让他进入湖中试深浅。那位战士"扑通"一声进入水中后，竟然没了踪影。张开顺一惊，赶紧抓住绳子把他拽上来。战士吐出一口水后告诉张开顺，湖水至少有两米深了，不能涉过。

无法前进又不能后退，他们陷入了真正的绝境。

跟随在后的灾民看到这一情形，都面色苍白、惊悸不安。队伍中出现了躁动不安的情绪。周洪许一边安抚受灾群众，一边迅速地考虑突围方案。

周洪许给我讲述这段经历时，感觉已无法用语言表达，就拿起桌子上的录音笔和本子当模型，摆来摆去，告诉我他们当时处在一个什么样的境地：前面是堰塞湖，左边是悬崖，后退又是堰塞湖。而我，无论他怎么比画、怎么讲述，也无法身临其境。我知道灾难是无法靠想象抵达的。

我只是问他，那个时候你感到恐惧了吗？

他说，没有，只感到压力很大。那么多的群众、那么多的官兵，我必须把他们安全地带出去。如果是我一个人，反而无所谓了。

身处绝境，周洪许一再告诫自己要冷静。既然不能前进也不能后退，不能直行也不能绕道，那么就飞起来吧。

他抬头看了一下身边笔直的绝壁，再看了一下手上的地图，只有攀缘绝壁这一条路可走了。

绝壁与水面的绝对高度为一千一百米，其难度非同一般，他命令先遣队在前攀缘探路，当队伍爬到一半时，前面探路的战士惊悚地向他报告，这座山已经断裂，两边分别出现了八十多厘米的裂缝，裂缝深不见底。

周洪许简直无法相信，他亲自爬上去察看，果然看到了裂缝。两边是刀削一样的悬崖，中间只有六十来厘米宽的路。

这样的路，也得走，只能走了，这是唯一一条生路了！

张开顺带着八名战士在前面一边爬，一边用砍刀在爬过的道路上砍出一个个脚坑，好让后面的人踩稳。让人紧张的是，这一批营救出来的二百二十六位灾民中，有三十五人伤势严重不能行走，还有两名孕妇不能行走，还有早已累坏了的八名儿童不能行走，这四十五个人都需要战士背负。

"绝不能丢下任何一个群众！"周洪许下令，让战士们轮流背着这四十五人继续爬行。

因为几天来很少吃东西，一名战士背负孕妇时脚底打滑，眼看就要背着那名孕妇坠入山涧。跟在他后面的周洪许赶紧爬过去，一把将战士拽回。望着眼前的一切，灾民们被吓得面色苍白，回不过神来。

这时，山腰传来轰鸣声，一架架直升机正在低空盘旋搜救。伴随着直升机掠过时发出的轰鸣声，山顶的巨石暴雨般往下坠。

周洪许用手势告诉大家不要出声，保持安静。大家就眼巴巴地看着搜救直升机在山下穿越，屏住气息不敢呼叫。因为整座山体已经松动，稍稍的震动都可能出现新的塌方。一旦脚下的山体再次滑坡，他们将全部丧生。

张开顺在前，赵岗殿后，周洪许指挥着整个队伍小心翼翼地在那条窄窄的山脊上一步步挪动。多数时候，他们需要四肢并用。又一架直升机飞来，随着轰鸣震动，山腰上"轰隆"一声巨响，扬起滚滚尘烟。周洪许满脸是汗，他往路两边看了一眼，心一下子提到了嗓子眼儿，死亡正张大了嘴在下面等着他们。

周洪许就这么悬着一颗心，带领队伍走过了这段不过一点五公里的山路，却花了整整三个小时。

当他们终于抵达白云庵附近的一座大山上时，发现前面又没有路了。所有的人都有些绝望了，体力的大量消耗、意志的猛烈摧残，让每一个人的生理和心理，都到了承受的临界点。

有的灾民表示他们不想再走了，是死是活都听天由命了。

周洪许急速地思考着：此时若在山上停留，一旦大家体力耗尽，那谁也出不去了！必须马上离开！

他坚定地下达了出发的命令。此时，他的意志就是全队人的意志。官兵和群众看到他坚定的眼神，又一次鼓足勇气上路。

张开顺带着八名战士手持砍刀，在密林内砍掉荆棘开出一条小路。后面的人扶老携幼依次前行，经过三个小时的艰难行走，前方出现了一条尚未完全断裂的乡村路。周洪许赶紧查看地图，发现这条路竟然直通天池乡。他感到一阵欣喜。晚上八时左右，一行人终于走到了天池乡。

眼前仍是让人心里发凉的情状：天池乡已被漫上来的湖水吞噬。

现场除了天池中学的大门还露在水面外，就只剩下天池中学七十多岁的退休教师王老师了。堰塞湖上虽然有两个木排，但天黑不敢贸然使用。周洪许下令，就地宿营，等待天亮。

这是 17 日夜，距他们和外界失去联系，已经十二小时了。

老天爷丝毫不眷顾他们的辛苦、疲惫，电闪雷鸣地下起了大雨。他们从废墟中刨出一块篷布，搭了个简易帐篷，让伤员和孕妇躲避，其余人员在大雨中等待。

好不容易熬到天亮。周洪许和张开顺再次带领官兵突围。天池乡留下的唯一老人王老师，成了他们的向导。

在又一次漫长的艰难的跋涉之后，18 日晚 7 时左右，周洪许率领官兵和二百二十六名受灾群众，终于全部走出了险境，到达了相对安全的可通汽车的马尾乡。

这个时候，距离他们 17 日早上 7 点出发，时间已过去了三十六个小时。这三十六个小时，就是后来网上吵得沸沸扬扬的"乌蒙铁军"失踪事件。

我想，那些喜欢炒作的人永远都不会明白，这支队伍在断食三天三夜，在危机四伏的死亡之路上，是怎样凭着坚强的意志，将二百二十六名群众营救出来的；而周洪许这个年轻的团长，又是怎样在绝境中沉着冷静地指挥队伍突围的。

也无须他们明白。

我问周洪许的搭档曾祥明政委，在和团长联系不上的那三十多个小时里，你是不是非常着急？

曾祥明说，我当然很担心，但我又很有信心。因为我太了解他（周洪许）了，我知道他的素质，相信他一定能把队伍和群众都安全带出来的。

曾政委面带微笑地回答我。

我合上本子，跟周洪许开了个玩笑。我说周团长，那个时候，你是不是觉得你的眼镜儿很碍事啊？

周洪许一下乐了，说是啊，是啊，汗水、雨水把镜片搞得很模糊，我真恨不能扔了它！

这位了不起的团长，戴着一副眼镜儿。

精彩赏析

　　文章使用大量的动作描写和语言描写，叙述了一个个感人的故事。作者在开篇描写了周洪许陷入绝境，然后留下悬念，让读者有继续阅读下去的兴趣。文章围绕救灾展开叙述，作者通过细节描写了地震过后危险的情况以及周洪许面对这种状况所采取的解决办法，我们能够看出他是一个沉着冷静的人。

十万英名

❁ 心灵寄语

> 我们生于和平年代，从未体验乱世之痛，但我们要记住，现在的和平是很多英雄将士舍生取义换来的，他们承载着历史的重量。

我不知道张崇鱼最早产生的那个念头，是否与这个墓地有关？

当我站在墓碑前，听同行的人介绍，仅仅是这片墓地，就埋葬着2200名红军，加上周围几个山头的其他墓地，方圆不到十里的地方，就安葬着7800名红军时，心里一阵悸动。我想，他们都是谁？他们都是些怎样的人？他们就这样长眠于青山之中了吗？

我不知道张崇鱼是否和我一样也产生过这样的悸动。

1932年，红军从鄂豫皖进入大巴山区，几场恶战下来，红军伤亡很大。受伤的红军就被送到这个叫王坪的大山里，住进红军总医院。我从图片上看到，所谓的住院部就是农家的土房子。当时的红军药物奇缺、粮食稀少，伤员住进医院，不过是来到一个安静的地方躺着，几乎没治愈的可能。除了那些命大的，大多数人，或者说

113

绝大多数人，就在这里静静地死去。真是静静的。七十年后依然那么静。

这段历史，张崇鱼实在是太熟悉了，他可以倒背如流。

在他们中间，留下名字的，或者说名字被刻上墓碑的，只有四十位团级以上军官。我一一走过他们的墓碑，看他们的名字。他们真年轻啊，只有二三十岁的年纪。那么，那些士兵，那些没有留下名字的士兵，一定只有十来岁了。

当然，红军也为他们建了碑。那是一座十米左右高的墓碑，碑体通红，上面刻着黄色的大字：

万世光荣　红四方面军英勇烈士之墓

字体刚劲有力。写字者是红军总医院政治部主任——女红军张琴秋。我在照片上见到了张琴秋，身着军装，飒爽英姿，漂亮而有风度。我猜想她一定受过良好的教育，一定坚强而又勇敢、热情而又快乐，并且渴望着爱情。

碑的左面刻着两把步枪和一把驳壳枪。据说这三把枪，是红军先把枪按在石碑上描上去，然后才刻的，线条里显出一种拙朴的孩子气。墓地四周松柏环绕，山风阵阵。陪伴这些亡灵的，只有这万丛青山。除了一些重要的纪念日，平时只有一个守墓人。

我想，张崇鱼即使不是在这里产生最初那个念头，至少也是在这里坚定了他的念头的。10 年前，即 1992 年，刚刚退休的张崇鱼从纪念红军入川 60 周年的大会上得知，巴中地区有 12 万人参加红军，4万人牺牲，他一下被深深地震动了，当即就产生了一个让人吃惊的念头：要用自己的晚年建一座红军碑林。也就是说，他要把剩余的生命，全部用来寻找那些无名烈士和流落红军的姓名，然后镌刻在石碑上。

谈何容易。

毕竟时光已流逝了半个多世纪。

但张崇鱼说干就干。除了找有关部门查阅资料档案，他还一个一个地寻访那些尚健在的老红军，请他们回忆自己远去的战友，说出那些姓名。在成都某干修所老红军刘祺的家里，张崇鱼说出了自己的想法，刘祺当天夜里就失眠了。往事如青山不老。刘祺曾是一位红军医生，他脑子里走马灯似的冒出一个又一个战友的面容，还有那些他救治过的伤员。他们亲切地微笑着，栩栩如生。他生怕自己忘了，索性坐起来写在纸上，想一个，写一个，一直追忆到凌晨两点，一共回忆起42个姓名来。张崇鱼高兴极了，带着这些名字回到巴中。不想他前脚刚到，刘祺的信后脚又跟来了，原来张崇鱼走后他又回忆起12个名字来。

张崇鱼就是以这样的方式在寻找那些名字。他和他的同事先后60余次前往红军走过的路线和29个省、市、自治区，行程近30万公里。拜访了1800多名红军将士及亲属，查询了600多个与之有关的单位，一个个的，十个二十个的，一天天的，一年两年的，大海捞针般的，搜集到了10万个红军将士的姓名！准确的数字是101068名。这中间，他和同事10次上北京，都是坐的火车，住的地下室；路途上他被汽车撞过，被小偷光顾过，甚至被人误解当成骗子抓过。忍饥受冻、风餐露宿更是常事。但他和他们竟然坚持了10年！

张崇鱼他们将找到的这10万个名字，镌刻在了巴中城内南龛山顶上，他们在那里建立了一个川陕苏区将士碑林，一共用了3388块石碑。每块石碑高120厘米，宽60厘米，它们一排排地站着，站成了碑林。而上面那些整整齐齐的名字，也像是一片林，生命之林。

我站在石碑前，一一看着那些名字，那些于我十分陌生的名字，那些从浩瀚的历史之河中打捞上来的名字。他们曾经与战友们失散，如今终于又站到了一起。我想他们再也不会感到孤单了，他们又回到了队伍中。他们站在一起，心里一定很踏实。我还想到了那个距此不远的王坪烈士陵园，那里的无名烈士可以在这里找到他们的家了。

细雨蒙蒙，石碑上湿漉漉的，但一个个的名字清晰无比。我看见了黄二毛、廖狗儿、张二牛、张四娃、刘幺娃，我还看见女红军郑吕氏、吕宋氏。我发现在陕西籍的红军里叫"娃"的特别多，这让我想到了那位著名作家。他也曾经是个"娃"。现在，这些默默无闻的"娃"也终于可以和著名作家那个"娃"一样，留名在世了。

在最后一块墓碑上，我看见了新的刻痕，有5个新添加上去的名字，他们是王世云、罗元洲、南存贵、李敬忠、王天钾。张崇鱼告诉我，这是今年春节后刚刚刻上去的，是由内蒙军区原副参谋长李子金（81岁）写信提供的。张崇鱼还说，有的老红军为了回忆这些战友的名字，给他写的信有三四十封之多。他们在回忆名字时，也回望了自己的一生。

张崇鱼站在这些碑林中，就像站在自己的家里。

他和他们就像是亲人。

张崇鱼，1939 年生，当过中学教师、区委办公室主任、副区长、区委书记。身高 1.6 米，体重不足 50 公斤。现在，他成了这 10 万姓名的守护者，或者说，他做了这 10 万红军的户籍警。

精彩赏析

作者根据"十万英名"联想到许多心怀大义的人。张崇鱼一行人踏遍中国，寻找埋在这里的十万名红军将士的姓名，作者对这种高尚行为表达了自己的敬意。作者将自己心里的话写在文章当中，烘托了十万战士的高尚之举，他们为现在的和平奉献出了自己的生命，他们也和我们一样只是平凡的人，但是他们又是伟大的人，不应该让他们默默无闻，这也是张崇鱼做这件事情的意义。《十万英名》不仅仅是致敬十万名红军将士，也是致敬像张崇鱼这样的人。

1. 阅读《世界最高处的艳遇》，回答下面问题。（7分）

（1）"最后父亲发了话。父亲说：'当兵的，我看可以。'"这一段在文中有什么作用？（4分）

_____

_____

_____

（2）文中对于婚后怀孕生子的过程的描写，是否多余？为什么？（3分）

_____

_____

_____

2. 阅读《云端上的哨所》，回答下面问题。（8分）

（1）在前往哨所的过程中，作者为什么要强调邱将军和崔大校状态不佳？（4分）

_____

_____

_____

（2）作者花费了大量笔墨进行心理描写，这是为什么呢？（4分）

_____

_____

_____

3. 写作训练。（60分）

　　或者可以说，他们就是高原上的树，是最顽强的最挺拔的，亦是最美的树。四季常青，永不凋零。如果说在西藏，天有多高，山就有多高，那么，比山更高的，就是树了。它们生长在西藏那样高的山上，肯定比别处的树更早地迎接风雪，也更早地迎接日出。

　　对那样的树，我充满敬重。

在这个片段中，作者是这样描写战士们的，请你也写一篇文章来描写让你敬佩的人。请联系现实，体现你的感悟与思考。

要求：选准角度，确定立意；明确文体，自拟标题；不少于800字。

颜值这回事

💜 心灵寄语

> 古语云："腹有诗书气自华。"颜值对于一个人来说究竟重不重要呢？和才气相比，颜值其实已经在其次了。人生处处有颜值。

最近整理家书，在一封大学时期写给父亲的信里，我看到了自己对容貌的自卑。信是这样写的：

我的照片可能没有姐姐的好，因为被照的对象质量差。我从来没有对自己的照片有过自豪感，甚至在与旁人的对比中，还会有一种小小的悲哀。女孩子总是想美一些的，但上天已造就了我这副样子，并且连这副样子也难保持长久。当然，我是无怨言的，我相信命运。爸爸，我是有宿命思想的。

这封信写于 1982 年，我二十四岁，读大三。

也就是说，我在二十四岁的时候，依然为自己的容貌自卑。用现在的话来说，就是觉得自己颜值太低。其实那个时候，我也算草花有主了，也不乏"主"之外的追求者。但我依然认定自己长得难看，并且还由容貌谈到了宿命，可见思想包袱之重。

我对容貌的自卑始于少女时代。小时候妈妈带我和姐姐外出，一给人家介绍："这是我大女儿。"人家马上就说："好可爱，真漂亮！"但一介绍我："这是我小女儿。"人家只会说："哦，挺文静的。"

"文静"这个词，婉转地表达了不好看的意思。我那时虽然只有六七岁，也是明白的，但照样爬墙上树满世界疯耍，连"文静"这个词也索性不要了。等到了中学开始在意容貌了，却越发难看。十三四岁应该是女孩子一生中颜值最低的时期，而我又黄又瘦又涩，更加不堪，加上小时候的疯劲儿也没有了，就一瘪塌塌的黄毛丫头。

因为自卑，见了人没点儿笑容，总是紧紧抿着嘴唇。不好看的人不笑就加倍不好看；也因为自卑，拍照时特别紧张，老是闭眼，不好看的人闭眼就加两倍的不好看。所以当父亲写信告诉我，我们家的合影已经取回时，我马上就心虚地说："我拍的肯定没有姐姐的好看。"（事实也是如此）

父亲收到我这封信，肯定是好好安慰了我一番，我不记得具体内容了，只记得他用了苏轼那句著名的诗来激励我：腹有诗书气自华。

你别说，这句诗对我还挺管用的。我单纯地想，对啊，我不好看就更要好好读书了，书读多了气质就会好。于是我用这句诗做题目写了一篇随笔，中心思想是，女孩子长得丑，更要好好读书。

父亲还给我讲过苏小妹的故事，说苏轼有个妹妹长得不好看，额头凸，眼睛下凹。苏轼就拿她调侃，作诗一首："未出堂前三五步，额头先到画堂前。几回拭泪深难到，留得汪汪两道泉。"苏小妹虽然不好看，人却极为聪明，当即赋诗回敬哥哥："一丛衰草出唇间，须发连鬓耳杳然。口角几回无觅处，忽闻毛里有声传。"写完感觉不过瘾，再仔细端详哥哥，发现他长了一张马脸，且眼距很宽，五官不成比例，于是再作一诗："天平地阔路三千，遥望双眉云汉间。去年一滴相思泪，至今未到耳腮边。"最后这两句，估计是对马脸最别致的描写了。

老实说，这故事让我觉得，苏小妹的才气比西施的颜值更让我心生羡慕。

当然，父亲给我讲这个故事的时候只是觉得有趣，并不是针对我，我自忖还没到那程度。但这个故事还是潜移默化地影响了我，让我觉得相比于相貌，还是聪明更重要。我们邻居有个漂亮女孩儿，成绩不太好，母亲说到她时用了一句俗语：聪明相貌笨肚肠。我暗想，那我宁可笨相貌，也不要笨肚肠。

母亲是不会认为自己孩子难看的。所以母亲总是感性地直截了当地鼓励我。我给她看我和女同学的合影，羡慕说："她长得真好看。"母亲看了一眼说："她哪有你好看？五官都挤到一起了，你看你长得多舒展。"我这才知道，一张脸布局也很重要。还有一次我说："某某的眼睛好大啊，还是双眼皮呢。"母亲就说："鼻子那么塌，眼大有什么用？"我这才知道，原来鼻子对长相也有重要贡献。

斗胆说，我母亲也不算漂亮，属清秀类。有一天她下班回来跟我说："哎呀，今天我在公共汽车上见到一个女人，长得太难看了！真的，我当即就在心里感谢我妈妈，没把我生得那么难看，把我生得普普通通。"母亲手抚胸口，一副很庆幸的样子。我被母亲逗乐了。还真是，比起那些长相有缺陷的人来说，长得普普通通已经是很幸运的事了。毕竟高颜值属于金勺子，含着它出生的人不多。之后，我也时常在心里感谢我的母亲，把我生得普普通通。

后来看书，才知中国历史上有很厉害的"七大丑女"。排第一的就是我华夏祖先，黄帝的妻子嫫母，黄帝竟然用她的相貌来驱邪！尽管是传说，也够励志的。后头跟着的几个丑女，也都是君王之妻或名士之妻，让人觉得古（男）人更看重心灵美，因为这几个丑女都是德才兼备的。比如齐宣王之妻钟离春，额头前突，双眼下凹，鼻孔向上翻翘（俗称猪鼻孔），头发稀疏干黄，骨节粗大，颈部喉结比男人的还要大。四十岁了都没嫁出去。但她饱读诗书，志向远大，还敢于给齐宣王进言，说他第一不重视人才，第二不虚心采纳他人意见，第三沉湎于女色，第四超标建设楼堂馆所。齐宣王也是了不起，居然接受了批评。为表示痛改前非，让这丑女子做了王后。真是稀少的官场婚姻双重佳话。再说一个，东晋名士许允，进洞房一看到新娘子阮氏那么丑，转身要跑，被阮氏一把拽住。许允挣扎说："妇有四德（妇德、妇言、妇容、妇功），你不合标准啊。"阮氏说："读书人有百行，百行德为首，你好色不好德，也不合标准啊。"许允被她说得哑口无言，心生敬意，不但与她完婚，还一辈子相敬如宾。最后再说说诸葛亮之妻子黄月英，据传这黄女士也是生得又黑又小，一头黄发，样貌猥琐。但她不但能诗善文，勤劳持家，还有军事才干，据传诸葛亮行军作战的利器"木牛流马""连弩"等都是她教给他的。而且黄女士还研制出避瘴气用的"诸葛行军散""卧龙丹"等药（真乃全才），强有力地助她夫君成就了千秋大业。

在翻阅这些著名丑女时，我发现两个现象。第一，那个时候的丑女都很聪明，是不是她们在进化过程中先进化了大脑，五官被滞

后了呢？第二，"七大丑女"都是南北朝之前的，之后没再出现过
著名的丑女了。是女人们好看起来了？还是丑女们的智商降低了？
抑或是男人们不再看重心灵美了？（史书都是男人写的呀）

有"七大丑女"还有"四大美女"（显然美女入选更严格）。
虽然"四大美女"也都不笨，至少情商不低。但学识才华什么的，
都赶不上前面"七个丑女"。最要命的是，美女们（"四大美女"
之外还有好多）至今都背着红颜祸水的名声，男人们经常会把失败
倒霉的事儿赖到她们头上。

如此，让我越来越觉得，没必要做美女（好像有得选似的）。
对自己的容貌，逐渐变得心安理得起来。

但偶尔，还是会受刺激的。当年男朋友追我的时候，也有其他女
孩子在追他。我就问他："你为什么不答应某某？或者某某？在我眼
里，她们都比我颜值高。"男友居然说："我奶奶说，不要找太漂亮
的女孩子当老婆。"我当即嗔道："你的意思是我难看了？"他连忙说：
"不是的，不是的，你也好看的。"但此话已落下口实，成为后来无
数次吵架时我的常规武器。其实我心里明白，是我自己有潜在的自卑。

之后我写了一个短篇小说《穿过那片树林》（发表于1985年
《青春》杂志），主人公苏铁就是一个丑女子，但是她倔强努力，
不肯认输。大体上，是在写我自己。可见我当时的自我认知。

大学毕业后我分到教导队教书。我们教导队有六个女教官，个
个英姿飒爽。有一次吃饭，我就依次夸她们："某某，你的皮肤太
好了，玉脂一样""某某，你的丹凤眼好迷人""某某，你的身材
真是窈窕动人""某某，你的欧式鼻子真洋气""某某，你的樱桃
小嘴好可爱"。

她们全都乐了，然后一起问："那你呢？"我？我愣了一下，想了想回答说："我嘛，一样都不出色，但总体还算和谐。"那是我第一次对自己的长相做了鉴定。

婚后有了孩子，更顾不上自己的容貌了，加上人在部队，军装是主打服装，所以从来没在化妆和时装上，投入过太多的精力和钱财。偶尔穿件新衣服，或换个新发型，一照镜子，又泄气了，感觉怎么都不对，遂不去想它。

也不知从什么时候开始，我竟然被人夸奖了。外出开会或者参加笔会，总会遇到几个夸我好看的人，有男有女。记得有一次遇到一个比我年长的女作家，她竟然说："你这么好看，能安心在家写作吗？"我心里既高兴又困惑，就回家问先生："他们都说我好看，我是真的好看呢，还是他们哄我高兴呢？"先生打量了我一下说："中年妇女嘛，气质好就可以了。"

这真的实现了"腹有诗书气自华"吗？

后来就有了"美女作家"一说，老实说，我特别不喜欢。有几年很流行，外出被人介绍是作家时，对方马上跟拜年似的来一句："美女作家呀。"我真觉得闹心，因为这顶帽子对我来说死沉死沉，感觉自己瞬间矮了几分。当场扔回去吧，拂了人家的好意；不扔吧，只能佝偻着身子。

相比，我还是更喜欢另一个说法，"中等美女"。据说还有一首同名歌。我一听到这个就对号入座了，坐得极为踏实。尽管人家说"中等美女"是带有安慰性质的说法，就好像说笨人很厚道一样，但我还是极为认可。

"中等美女"有太多好处了。第一，毕竟中等，不至于太自卑，而（丑女）多作怪；第二，毕竟中等，不需要在容貌上花太多时间和钞票；第三，毕竟中等，没那么多人围观打赏（以至于浮躁）；第四，毕竟中等，不会为红颜易老、美人迟暮而伤感——咱中等美女，老了无非就是更慈祥嘛。

其实在我看来，颜值这回事，就看你怎么想，你完全可以把它拓宽来想。我认识一个女人，长相一般，但声音特别好听，迷倒不少人。由此我想，假若你相貌一般，但你的谈吐颜值高，你写的字颜值高，你的歌声颜值高，你穿衣有品位，你举止得体，你健健康康、充满活力，你开朗乐观、喜欢大笑，那你就是一个美丽的女人。人生何处无颜值？

精彩赏析

在这篇文章中，作者采用了先抑后扬的手法，从最初自己因为颜值而自卑，到后来开始肯定自己，表达了自己对容貌的态度变化。文章反映了"容貌焦虑"的社会时事和热点，作者通过自己的经历，告诉读者应该怎样去对待颜值这回事。文章中，作者采用了插叙的手法，讲述了父亲所讲的苏小妹的故事，这个故事为后文作者描述历史典故作铺垫。作者引用了非常多的历史故事来证明自己的观点：才气相比颜值而言，更为重要。在文章结尾作者通过诉说自己的心里话，总结了自己的想法：女人是否美丽不应该由颜值来定义。整篇文章的语言很幽默，作者在文中多采用心理描写，把读者当成朋友一样交流，拉近了和读者的距离。

人不可貌相

> 人们在看见对方第一眼的时候，都会先关注对方的外貌，然后根据对方的外貌判断，对方是怎样的人，其实这样是不对的。

写小说写久了，养成一个习惯，喜欢揣摩人。一桌人吃饭，会下意识地猜测他们都是些什么个性；一群人开会，也会揣摩台上台下的各等心事；一伙人聊天，也会从人家的对话里感觉到微妙的关系，这纯属自己跟自己玩儿的单机游戏。一般来说，准确率八九不离十。有时我说出我的判断，人家会惊讶地说，你怎么知道？

但真正让我觉得有意思的，还是那种判断失误的经历。

比如前不久从山西长治回成都，在飞机上遇见一个男人，就失误了。那男人个子不高，面色微黑，还有些沧桑。上身穿了一件白色汗衫，背后印着半月形的一排字，一看就是哪个活动发的纪念衫；下身是一条牛仔裤，也很旧了。我的座位靠过道，他在中间。从坐下后，他就两手放在腿上，很拘谨的样子。我心里便暗暗猜测，肯定是很少坐飞机，也许是个农民工？飞机起飞后，空姐来送报纸，他不要；送毯子，他也不要。就这么一直僵坐着。送餐了，他接了过来，就摆在小桌板上，也不动。我不禁悲悯地想，是不是他不知道怎么开啊（我曾经遇到过一个农村大妈就是我帮她的），我要不要帮他一下呢？

还好，在我犹豫的时候，他动手了。接下来发生的事，让我惊讶不已，并且暗自嘲笑自己：人家不但熟练地打开餐盒就餐，还找空姐要了耳机听音乐。因为我们紧挨着，我听见他耳机里传出的声音不是流行歌曲，而是钢琴曲。用餐完毕，人家用餐巾仔细地擦了手，要了一杯咖啡，熟练地放了糖，慢慢地品味，喝完咖啡后，他终于从包里掏出一本书来看。

幸好我没好为人师，差点儿出洋相。

还有一次意外，也让我印象深刻。一家电视台编导来找我，商谈一个访谈节目。编导来的时候带着一个摄像师，说要拍几个镜头。那摄像师长得非常壮硕，看上去孔武有力。他一手拿着摄像机，一手拖着脚架。我暗想，这个人太适合当摄像师了，每天扛机器还是很需要力气的。我向编导建议去我们小区旁边的茶楼里谈，不料那摄像师看了一眼茶楼说："能不能换个地方？我这个机器太重了，上二楼太累了"。

我有些意外，才一层楼梯而已。但我们还是尊重他，就去了对面一家茶室，不用爬楼梯。谈完了出来，编导说再去我们小区拍些外景。那位摄像师又说，可以打的去吗？这回我真的吃惊了，才几步路啊，你就是想打，也没出租车愿意啊。编导小姑娘哄他似的说："就几步路，马上就到了，就在对面。"摄像师这才"哦"了一声，瘪塌塌地跟我们去了。

真是人不可貌相啊。关键是，他说话的声音还特别轻柔，带着一点点撒娇的语气。实在是反差太大了，让我有点儿犯晕。

其实"人不可貌相"是句很老的话了，妇孺皆知，出自《西游记》："人不可貌相，海水不可斗量。"类似的还有一句："知人知面不知心。"但中国谚语往往是辩证的，有黑就有白，所以也有截然相反的表达，比如，"人靠衣装马靠鞍"，或者，"相由心生"。确实，大多数人在大多数时候，都是凭外貌判断一个人的：此人很俗气，此人很滑头，此人没文化，此人很机灵……或者干脆认为，此人跟自己完全不搭界，永远不可能说到一块儿去，等等。

但事实上，外在的一切往往是不靠谱的。你看了一眼做出的判断，和你看了很多眼，更或者你与他交谈后做出的判断，会有很大出入，你会发现外貌后面还有另一个他。而这"出入"，便成了我的收藏。

讲个长点儿的故事吧。

最近我去参加一个活动，认识了一位老板，这位老板是来当地考察投资的。我接过他递过来的名片，是那种带花纹的发亮的名片，感觉很俗。上面列了好几家公司，密密麻麻的。我也没细看，总之是有个钱人。他客气地跟我说请我去他那儿玩儿，可以住他开的宾馆。我敷衍两句就放包里了。老板说一口闽南话，闽南话在很多时候就像是老板的专用方言，因为影视剧里的老板大多说闽南话。于是凭一张名片和一口闽南话，我感觉，我跟这人完全不可能说到一块儿去，不就是一个会挣钱的老板吗？

那天早上我们要去山里，天气很冷，我穿了薄毛衣还带了件风衣，而他只穿了短袖 T 恤。在主人的一再劝说下，他在路边的一家小店买了一件运动外套。上车后他解释说，虽然他是福建人，但不怕冷，因为他在东北当过兵。我暗暗吃了一惊，问他在哪年当的兵，他说 1980 年。虽然比我晚几年，也是老兵了。跟着他又说，虽然当兵只有两三年，但至今依然保持着早上六点起床的习惯，从不睡懒觉。我笑了，感到了一些亲切。

也许是我的笑容和语气，他便主动跟我聊起来，他说来这个山区考察，除了生意外，也是想做些善事。我有些意外和不解。他略略有些动感情地说："我成为今天这个样子，是受了两个人的影响。一个是乞丐，一个是台湾老板。"

我不清楚他说的"今天这个样子"是个什么样子，他的表达不是那么准确，但我已经有了听他聊天的欲望。

他说，刚离开部队的头几年，还处于创业阶段时，他去云南出差，途中停在一家小饭店吃饭。等上菜的时候，看到饭店老板在撵一个要饭的乞丐，很凶。也许是怕要饭的会影响饭店生意。那乞丐穿得破破烂烂的，面黄肌瘦，被撵后战战兢兢的。他看不过去了，就拿了五元钱出来给饭店老板，说："你给他一碗肉吃吧。"

那个时候五元钱可以买很多肉的。饭店老板就盛了一大碗肉端到门外给那要饭的。没想到门外不止他一个乞丐，还有五六个，他们狼吞虎咽地分享了那大碗肉，然后进门来给老板作揖。他们又站在他的面前，不停地作揖，嘴里喃喃道谢，称他为恩人。他说："那个时候我心酸得没法说，忍着眼泪摆手让他们走。"

"就是一碗肉啊，他们差不多要把我当菩萨了。这个时候我的菜也端上来了，摆在桌子上，可是我一口都吃不下，我就这么饿着肚子走了。这件事改变了我的人生：第一，我想我要努力挣钱，不能过苦日子；第二，我想我挣了钱以后，一定要帮助穷人。"

老板讲这个故事的时候，眼圈儿是红的，而我的眼泪也要落下来了，心里很酸。我可以想象那样的场景。虽然我们都知道还有很多很穷苦的人与我们同处一个年代、一个社会，但这个"知道"是抽象的，当他们非常具象地出现在自己面前时，那种震撼是完全不同的。

老板接着说："第二个改变我的是一个台湾老板。这些年我生意慢慢做大了，条件好了，差不多要忘了那个乞丐了。因为做生意，我跟一个台湾老板有交往。这个台湾老板回到福建老家做了很多善事，捐建学校，捐修公路，资助穷苦学生，大笔大笔的钱拿出来。可是我发现他跟他的老伴儿非常节约，每次过来谈生意，都是自己带着馒头和咸菜，连矿泉水都舍不得买，自己带水壶。穿得也很朴素，从来不穿名牌，而且总是住最便宜的旅社。几次交往下来，我太受感动了，对我影响非常大。现在我也是这样，不管挣再多的钱，也不过奢侈的生活，还要尽自己所能把钱拿出来帮助有困难的人。"

虽然他的表达没那么明晰，但我完全听懂了，并且被深深地打动了。我再看他，便有了全新的发现，他果然与其他老板不同，手腕上没有手表，也没有手镯，什么黄花梨紫檀的，什么宝石的，统统没有；手指上也没戒指，方的圆的都没有，脖子上也没有金项链或者钻石翡翠之类的东西。他也不抽烟。最为明显的是，他的手机，是一部很旧很旧的诺基亚，表面已经磨损了，一看就是用了很多年的。

我明白了他说的"今天这个样子"是什么样子。单看他外表，你很难想到他是一个有数家公司的老板，他甚至有自己的宾馆和博物馆。他已经资助了二十几位大学生，还参与了当地的很多公益事业。他说他还要做一些"不挣钱"的事。他来这个山区，就是带着这样的目的。

后来的几天，他依然操着闽南话背着手像个老板那样参加各种活动，依然给每个人分发他那花里胡哨的名片，我也依然没有与他进行更多的交谈。我只是远远地看着，在内心表达着敬重和惭愧。

精彩赏析

作者在文章中阐述了自己的观点：不可以用外貌来判断他人。作者将自己的几段经历联系在一起，来说明自己观点的正确性。作者直接阐述自己的第一段经历，乘飞机的时候"以貌取人"，最后发现自己犯了错，说明自己的观点产生的原因。而后通过对比的手法，描述了摄像师真实的样子与我印象中的出入，以此来论证自己的观点。在第三个故事中，作者使用了大量的语言描写来说明老板的形象前后有很大的差异。在整篇文章中，作者的逻辑非常清晰，一步一步引导读者去理解自己的观点：应该深入接触之后再判断他人。

鱼的孩子

> 敢于创新，敢于挑战自己，这是很多人都缺少的一种良好品质。创新是引领发展的第一动力，创新能够让人进步。

6月里闷热的一天，我回到了母亲的老家，见到了我的表哥和表妹。还在路上，我就跟专程送我去的朋友说："我很佩服我表哥，也很敬重他。他是个非常了不起的人。"

老实说，我已经不太想得起表哥的样子了。阔别二十多年，我猜想他的变化一定很大。但一见之下我还是吃了一惊：出现在我面前的完全是个老农民——我说这话丝毫没有贬义——黑黑矮矮的，胡子拉碴的，穿了件很新的短袖衬衣（估计是因为我要去才套上的），趿拉着拖鞋。他笑容满面地迎上来和我握手，站在他身后的，是更为瘦小的表嫂。

我想我的朋友一定很诧异吧？

但我一点儿没说假话。就是这个人，这个既不高大英俊，也谈不上风度气质，更没有什么名声地位的人，让我非常佩服和敬重，

133

甚至有点儿崇拜。

他是我大姨的儿子，大姨家孩子多，他初中一毕业就没再读书了，直接去父亲的乡村学校做了老师。做老师时，他看到学校的上课铃是由人工操作的，如果忘记了或者看错了，就会提早或延误上下课。他就琢磨了一个小发明：定时电铃，四十分钟一到就响铃下课，十分钟一到又响铃上课，学校马上采用了。他脑子闲不住，又开始琢磨电脑。须知那是20世纪70年代，一般人连电脑是什么都不知道，而他这个在乡下长大的孩子，却自己画了一张电脑图，然后寄给了我的父亲。他认为我父亲是工程师，应该懂，哪知父亲是学土木工程的，对这"高科技"完全看不懂，但称赞不已，将那卷图纸小心地保存下来（存了三十年，后来终于交还给了表哥的儿子）。打那以后，父母每次提起他必用一个词：聪明。

不过，这还不是我佩服他的原因，聪明的人很多。

1977年高考一恢复，初中毕业的他马上报名参加，并且考上了。他是他们方圆百里唯一一个考上的。不料政审时他却被刷了下来，因为大姨的所谓历史问题。他一气之下不再去考，娶妻生子过日子。到1979年我考上大学时，二十三岁的他已做了父亲。但他毕竟是个聪明人，脑子闲不住。改革开放之门刚打开，他就辞去学校的铁饭碗，承包了队里的鱼塘。他一开干就与众不同，打破了传统的养鱼方式，在鱼塘上搭葡萄架，为鱼塘遮阴，在鱼塘四周种菜，把鱼塘里的底子捞起来当肥料，又用菜叶上和葡萄上的小虫子喂鱼，充分利用了生物链。退休在家的大姨父成了他的得力助手，父子俩吃大苦耐大劳，很快便成了万元户，是县里的第一个万元户，县长书记请他吃饭传授经验，为他戴红花发奖状。

这回父母跟我说他时，不光说聪明了，必加上"真能吃苦""真能干"这样的感叹。而那时我正在上大学读中文系，陶醉于朦胧诗什么的，好高骛远，听妈妈滔滔不绝地夸他，还有些不以为然。

聪明而能吃苦的人也很多啊，这也不是我佩服他的原因。

20世纪90年代初，正当他们一家红红火火勤劳致富时，表嫂突然病倒了，是一种罕见的病，气管里长了一个瘤子，如果不及时做手术的话性命难保。当地医院是不行的，必须去上海。他当机立断，将正在哗哗来钱的鱼塘、葡萄架统统抵押掉，然后取出所有存款，让刚上初中的大儿子休学一年照顾菜地，把小儿子托付给父母，自己便一人带着妻子去了上海。

他让妻子住进上海最好的医院。他跟医院说，他要全国最好的医生给妻子动手术。为此他花掉了所有的钱。所谓倾家荡产就是这个意思吧？庆幸的是，表嫂的手术很成功，虽然将终身带着一个仪器过日子，但已没有了生命危险，好好地活到了现在。

他终于让我佩服了，不只是佩服，还有敬重。他把妻子的命看得比天大，大于钱财，甚至大于儿子的前途。这不是一般人能做到的。

从上海回到家乡后，他决意从头开始，从一贫如洗的起点开始。他看中了村子外面的一片河滩。河滩上除了沙石还是沙石，但他却勇敢地与政府签下了二十年的承包合同，他要在这荒芜的河滩上建一个现代化的养鱼场。

儿子回到学校继续读书，他的老父亲仍是他的重要伙伴，还有母亲，默默地在背后支持他。他们开始了艰难的创业，在河滩上挖鱼塘，用水泥硬化底部和四周，然后引水养鱼。其中的辛苦，是我无法想象和描述的。鱼塘挖了一个又一个，年年都在增加。当开挖到第十个时，大姨父反对了，大姨父觉得那些鱼塘已足够让他们过上好日子了，也足够他们忙碌辛苦了。但他就是不肯住手，坚持要扩大，以至于和大姨父发生冲突。父亲拿他无奈，只好跟着他继续苦干，就这么着，一直干到他们的渔场成为那一带最大的渔场。他没再搞葡萄架了，而是在鱼塘边种树。河滩上没有土，就一车车地从外面拉土，种了梧桐、棕榈、桃树和铁树，还有石榴树和广玉兰，还有茶花和兰草……将一片荒芜的河滩，变成了一个像模像样的美丽渔场。

我能不佩服他吗？从归零的地方重新开始，把失去的一切再夺回来；不怨天尤人，不唉声叹气。只是干，脚踏实地地苦干。

在艰苦创业的同时，他将两个儿子培养成才了：大儿子今年在英国取得博士学位，儿媳妇是英国在读博士；小儿子也即将获得英国某大学的学士学位。但我说的"培养成才"还不止这个，而是他的儿子每次从英国回家度假时，会跟他一起下地干活儿，跟渔场的普通工人没两样。

我能不佩服他吗？在今天这个社会，把儿子教育成这样，实在了不起。

到我回去时，表哥的渔场已经有了三十多口大鱼塘，以罗非鱼（一种非洲鲫鱼）为主，成了当地的罗非鱼养殖基地。每个鱼塘都有增氧机，投放饲料机；为了让鱼苗顺利过冬，他还建了好几个有暖棚的鱼塘，烧锅炉送热水。如此繁重忙碌的工作，整个渔场连他带工人才四个。8月鱼塘丰收时，渔场每天要拉几卡车的鲜鱼到杭州去卖。一连可以拉上三个月，可见他们渔场的产量之高（本来写到这里我想打个电话跟他核实一下具体数字的，但害怕他偏头偏脑不让我写。我还是先斩后奏吧）。

如今五十多岁的他，依然每天在鱼塘干活儿，白天顶着大太阳汗流浃背，晚上也不得安宁：睡前和半夜，都要起来巡视鱼塘，一旦发现哪个鱼塘有缺氧现象，立即打开增氧机。表嫂跟我说，他好辛苦啊，一年到头从来睡不了囫囵觉，连春节也一样。

我无法不佩服他，甚至有点儿崇拜：已经有了千万家产的他，依然如普通农民一样辛勤劳动——因为劳动让他愉快；依然穿最朴素的衣服——因为那样让他自在；依然住最简单的房子——因为那是他亲手建的，他家的楼房连马赛克都没镶，但门前有开满睡莲的水塘，还有可以乘凉的紫藤架，他在用汗水泡出来的土地上像鱼儿一样自在地生活，辛苦并快乐着。

从来没离开过故土的表哥一点儿不自卑木讷。两个在英国读书的儿子一再邀请他去英国玩儿，他因为离不开鱼塘而没能成行。今年小儿子又催促说："你再不来，我就要毕业了。"他笑眯眯地说："你们别催我啊，小心我去了不回来。"表嫂说："你不回来能在那儿干吗？"他笑而不答。我相信，他如果真的想待在英国的话，是绝对可以找到事情做的，而且不会干刷盘子洗碗的事，一定是干他喜欢的事。我相信他有这个本事。

我时常想，如果表哥那年进了大学，如今会是什么样？我是绝对相信他能成为一个优秀的科学家或工程师的，没准儿也和我们的舅舅一样成为院士——虽然我无法想象他穿着西装待在实验室或者大学课堂上的样子。

和我一起回去的朋友感叹说："你表哥的目光是睿智的、自信的，从容的。"我说："是的，他是一个按自己想法去活，并且活得精彩的人。"但凡了解了他的经历，恐怕没人不佩服他。

如今表哥已经是做爷爷的人了，小孙子今年年初在英国问世。他给小孙子取名为子鱼。我问他此名是否取自庄子那句著名的话："子非鱼，安知鱼之乐？"他却一本正经地说："不是的，我取这个名字，是因为我们是鱼的孩子。"我说："你在养鱼，怎么成了鱼的孩子？"他狡黠地笑笑说："子非我，安知我不是鱼之子？"

精彩赏析

在这篇文章中，作者从第一视角写了自己表哥的故事。文章的开头，作者描写了表哥现在的模样，随后插叙讲述表哥的故事。在作者的描写中，我们能够看出表哥是一个非常聪明的人，他总是尝试新的事物，还肯吃苦。他总是去捣鼓新的东西，突破传统思维方式，并且表哥永远把亲情放在第一位，在妻子生病之后散尽家财为妻子动手术。表哥虽然经历了很多困难，但生活打不败他，他在艰苦创业的同时还注重教育，把自己的儿子都培养成才。从作者的描述中，我们能够看出表哥是一个睿智的人，他的目光独到，并且敢于创新。

山水在父亲眼中

🌸 心灵寄语

> 　　欧阳修这样说："醉翁之意不在酒，在乎山水之间也。"中国人对山水有着非常深厚的情感，中国人喜欢山水，喜欢画山水，但是作为铁道兵工程师，他们并不喜欢山水。

　　我的父亲一直不喜欢山水，这让很多人不解。

　　有一年，他到峨眉山来疗养，他是因为我在成都才愿意来的。到成都后，他看过我们一家就上山了。我在家里想象着他每天起早看日出，或者爬山时和猴子遭遇的情形。但半个月后他回来却告诉我，他一次也没上山，只是"散步一样在疗养院附近走了走"。我不解地问他："那你每天干什么呢？"他说："看书啊。那地方清静，适合看书。"我感到好笑，哪有这样的人，走到名山脚下了居然都不上去看看。

　　还有一件事，父亲离休后得到一张免费乘坐火车的卡，且是软卧，去哪儿都可以。毕竟他是个老铁道兵。可是他竟一次也没用过。全国有那么多的名山大川呀！至今他蛰居在杭州城里已经十五年了,无论你动员他上哪儿,他都摇头。如果说世上还有他喜欢的山水,那就是杭州的西湖和西湖四周的山了。

刚休息回到杭州那会儿,父亲买了张杭州游览图,加上一张通用月票,每天一个人去景区逛。但去得最多的地方不是三潭印月,不是柳浪闻莺,也不是断桥残雪,而是各种纪念馆、博物馆。也就是说,他更感兴趣的是人文景观。

父亲对山水没有感觉,所以不喜欢旅游。我得出这么个结论,并感到遗憾。因为这实在不像个现代人。现代人哪个不喜欢山水呢?只要有可能,他们都会逃出都市,钻进山水之中去抒发自己对大自然的热爱,表达困居都市已久的苦闷。为此他们往往不辞辛苦不惜代价,专往那没有人烟的山水中去,自找苦吃。无限风光在险峰嘛。

当然,对父亲来说,不喜欢跑也是正常的。他是个铁道兵工程师,一辈子钻山沟修铁路,早已跑腻了。全国三十多个省市自治区,除了西藏和台湾,他全去过了。我想他一定是好山好水见多了,因此对山水没了感觉。

直到最近,我才明白了父亲。

前不久的一天,我在电视上偶然看到一个专题片,讲修建铁路的。我看到那些父亲的同行们仍在大山中艰苦卓绝地修路架桥。他们满身是泥,满脸疲惫;他们连续三年困在山里,和暴雨、塌方、泥石流搏斗;他们在与数不清的障碍的奋力拼搏中耗尽了心血和汗水,直至把路修通。就在这时我忽然明白了,父亲为什么不喜欢山水。

山水在父亲眼中是什么?是障碍。它们不是风景,不是图画,而是障碍。父亲和修路者们要将路修通,必须和山水作不屈不挠的斗争,他们要逢山开路,遇水架桥,那些大山大水无论是在图纸上还是在他们的眼前，都是必须克服和跨越的障碍。而且越是险峻雄伟的山水，障碍就越大，跨越起来就越发艰难。

谁会喜欢障碍呢？

我的父亲称得上是个隧道专家。他一生不知设计修建了多少条隧道。当他面对一座大山时，想的绝不是登上山顶能否看见日出或者云海，能否听到松涛或者鸟鸣，而是怎么才能让铁轨顺利地通过它再往前延伸。是将它从中间劈开？还是打一个洞钻过去？如果是修隧道的话，需挖出多少立方的泥土？填多少立方的混凝土？它的高度、坡度、长度以及土质怎样？一系列枯燥的数字摆在面前。

当我在电视上看到隧道打通的那一瞬间，人们浑身泥土地拥抱在一起欢呼时，我就想到了父亲。我想不出父亲在这样的场面会是怎样的，他也会像那些人一样泪流满面吗？

当隧道打通时，横在面前的，往往是一条湍急的大河。眼前的仍是障碍。修一座怎样的桥最合适？河的深度、桥的跨度、桥墩的高度和承受能力……这一切的一切，又成为一串枯燥的数字。他们将这些数字不断地转化为实物，桥或者隧道，在这种转化中一点点地将路延伸，直至伸进远方的城市，将一座一座城市打通，让出行的人畅通无阻。

如今，铁道兵已不复存在，早在 20 世纪 80 年代中期，他们便集体转业了。父亲以及那些和他一样在山里转了大半辈子的叔叔伯伯们，都陆续回到故乡安度晚年了。他们个个都是修路专家，但他们终于远离了路，并且再也不想上路了。而他们的后人，虽然脱下了军装，也依然在山水之间继续奋战，继续将路向前延伸。许许多多的人就在这路的延伸中默默付出了生命。可他们修的路依然在山水之间静卧着，每天每日承载着那些渴望出远门的人和需要出远门的货物穿行。

路是他们的无字碑。

我想，修了一辈子路的父亲，给自己留下的唯一实惠，就是每当他的女儿回家看他时，仍需坐火车沿着当年他们修的路翻山越岭。按老一辈人的说法，铺路架桥都是行善积德。所以我常想，我今天所得到的一切好运，包括尚有兴致和条件去山水中游玩，全是因了父亲。有了父亲对山水的征服，才有了我今天对山水的热爱。

我热爱山水，更热爱我的不喜欢山水的父亲。

精彩赏析

山水自古都是中国人喜欢的，但是父亲却不一样，开局作者就点明父亲不喜欢山水，给读者留下悬念，引出下文：父亲在峨眉山疗养，都不去山上逛一逛。而后作者在看电视时联想到父亲不喜欢山水的原因：在铁道兵工程师眼中，山水其实就是障碍。文中作者运用了比喻的修辞手法，说"路是他们的无字碑"，升华了文章主题，表达了自己的敬佩之情。整篇文章采用先抑后扬的手法，描写了父亲作为铁道兵工程师对山水不一样的情感，同时表达了自己对铁道工程建设者们的敬意，以及对父亲的爱意。

我愿和你一起飞

🌸 **心灵寄语**

　　就像世界上没有相同的两片树叶，世界上也没有两个相同的人，每一个和我们相遇的人，都有自己特殊的故事。

　　我算不上空中飞人，但一年也会飞个十几二十趟。每次坐飞机，我都期待遇到一个安静的邻座，以便度过两三个小时舒适的旅程。最近这一年，学会了网上值机，每回选座位号时，我心里就会想，不知这一次，身边会是谁？因为尽管是自选，照样很盲目，因为你选的时候，邻座还是个问号。

　　最近一次外出，去的时候我选了16C座位，结果遇到一个很不愉快的邻座，回来的时候我就选了16D，仿佛为了远离上次的不愉快。那天是正点登机，我走到16D的时候，看到旁边的16E是位女乘客，心下稍安。以我的经验，女乘客安静的概率比较高。

　　可是我刚坐下还没系好安全带，她就开口了："大姐，这个耳机怎么用啊？"我帮她插进座椅的塞孔里，她连忙戴到头上，跟着又问："怎么没声音？"我只好帮她调声音，她不断摇头说："没有，什么都没有。"这时空姐走过来了，她一把抓住空姐："这个耳机听不到歌。"空姐说："你别急，我们一会儿会发新耳机的。"

但她就是急，扭来扭去的，坐立不安。当空姐演示安全须知时，她很认真地听，然后大声跟同伴说："我没穿高跟鞋，我不用脱。你得脱。"她身边是个年轻女孩儿。那女孩儿为她的躁动不安感到不好意思，朝我笑笑。可她满不在乎，继续锲而不舍地捣鼓着耳机，终于，耳机被她捣鼓出声音了。因为，我听到她开始唱歌儿了，是比较老的流行歌曲，《恰似你的温柔》："某年某月的某一天……"

完了，遇到一个不安宁的女邻座。我心里隐隐担忧着。

飞机开始滑动，她忽然取下耳机问我："飞机飞起来的时候是不是很难受？我应该怎么做？"我安慰说没事的，不要紧张就行。旁边的小姑娘说："你张大嘴巴就没事了。"她戴上耳机大声唱起歌来，也许她认为这是张大嘴巴的另一种方式。这回她唱的是《夜来香》，我们就在"夜来香，夜来香"的歌声中飞上了天空。

显然这是她第一次坐飞机，我的这位女邻座。不过她的折腾并没有让我特别反感，很奇怪。也许是她跟我说话时的语气？也许是她的眼神？似乎都透出一股与她年龄不相仿的单纯和天然。

我开始有意打量她，四十岁出头的样子，长相很普通，脸色微黑，头发也黑，还亮，这让她显得年轻。围着一条有蕾丝边儿的紫色纱巾，穿了条砖红色的裤子，抱在怀里的包是豹纹的。由此猜测她并不是个家庭妇女。她不但大声唱歌，两只手还跷着兰花指比动作，仿佛在舞台上一般旁若无人，一对银手环丁零当啷地闪耀着。而且我注意到，她虽然是戴着耳机在唱，音却很准，一般人是做不到的。也许，她是个哪个县剧团的？或者，是哪个街道业余演出队的？

飞机飞平稳后，她终于安静了。我便拿出书来看。刚看了没几页，她就紧张地取下耳机对我说："我耳朵听不见了，我难受。"我说："你吞咽口水试试？"她照着做了，露出满意的笑容："嗯，好了。你耳朵不难受吗？"我说："我也会难受的，大家都一样。"她说："我不一样哦，我身体很不好，所以有点儿担心。"

这让我意外，看上去她挺健康啊。但她转移了话题："你是不是经常坐飞机？"我说："是的。""那你知道这个飞机票多少钱一张吗？"我说："如果不打折，加上机场建设费燃油费什么的，要一千六七百元吧。"她听了，朝身边的小姑娘伸伸舌头。

她忽然说："对不起，我问你太多问题了。"

我说："没事。"

不过我心里却越发好奇了。这究竟是个什么样的女人？她，她们，去成都做什么？我忽然想，罢，反正也看不成书了，不如和她聊聊。于是我合上书主动问："你们去成都干吗？"

她的回答让我吃了一惊："我们去做节目，四川电视台邀请我们的。喏，我们五个！"她指指过道对面的两个人和身后的一个人。原来他们是个小团体。我自选的座位，夹在了他们中间。

我毫不掩饰我的惊讶："做什么节目？"

她很自豪地说："我们有个'草根之家'，是专门为进城的打工者提供服务的，我们几个都是'草根之家'的义工，我们就是去做这个节目。"

我更为惊讶了，同时又有一种开心和愉悦。

她开始滔滔不绝地给我讲他们的"草根之家"，还告诉我她身边的小姑娘是跳舞的，跳得特别好，她是唱歌的，另外三位也都是草根之家的骨干。

我一边听一边庆幸，还好自己开口问了她，不然，就错过了一个美好的故事，美好的人。

她说的这个"草根之家"在杭州，已经成立八年了，小有知名度；他们的宗旨是：让杭州的打工朋友过上有尊严的生活。这个宗旨让我敬佩，原来他们并不只是提供娱乐交友的平台，还提供技能培训、普法维权等非常实在的服务；让我欣慰的是，当地政府很支持他们，每年都拨款解决其房租水电等基本费用。

其实更让我感动的，是她自己的故事。她说她和老公是在杭州打工时认识的，她老公是江西人，做房屋装修。结婚后，夫妻俩苦巴巴地齐心协力地干，渐渐有了些积蓄，生了一儿一女，小日子过得还算不错。可是两年前的某一天，她突然中风瘫痪——因为家族性高血压，也因为缺乏医学知识，从来不注意。她老公见状，毫不犹豫地把刚买的车卖掉，送她进了最好的医院。医生诊断后说，情况很严重，就算保住命，以后恐怕也要躺床上了。但她老公一点儿都不放弃，放下工作，天天跑医院，照顾她，帮她康复。而她自己的乐观开朗，也起了很重要的作用。于是半年后，她竟然奇迹般地恢复了，慢慢能起床了，慢慢能走路了，直到现在这个样子。

她无限感慨地说："我都没想到我还能有今天。"

我说："你很幸运，遇到你老公。"

她说："是的，我老公特别好，人很善良。对我好，对他爸爸妈妈也好。我出院的时候才知道，我们家车没了。他说车算什么，我们以后再买。我身体刚好一些，就想去'草根之家'参加活动，他就每天送我，用自行车推我去，晚上再接我回。"

我说："是不是感觉很幸福啊？"她说："我们也吵架的。有一次吵架时我生气了，我就说，以后不用你管我，你走你的阳关道，我走我的独木桥。我老公叹气说，还是你走阳关道我走独木桥吧。你身体不好，独木桥难走。哈哈，我一下就消气了。"

我心里暖暖的，为世上还有这样优秀的男人，也为世上还有这样幸福的女人。难怪她显得那么单纯天然，因为一直以来她都无须费什么心思去维护他们的婚姻。

她继续讲："我还参加过《中国达人秀》的选拔赛呢，我讲了自己的故事，唱了一首歌，三个评委都给了我'yes'。但是我没有再去上海参加复赛了，因为当时身体还不太好。"

她讲得很自豪："你上网去搜嘛，可以搜到我们'草根之家'的事迹，也有我的名字。真的，你去搜嘛。"

她讲得很热情："我给你留个电话，你下次回杭州就给我打电话，等我们'草根之家'有演出的时候，我请你来看。"

一直讲到飞机降落，她才停下来，再没提耳鸣的事了。告别时她再次对我说："大姐，真不好意思，一路上都在打搅你，你烦我了吧？"

我连连说："没有，我很愿意听你聊天，我很开心。"

其实心里还有一句话没说出来：我愿和你一起飞。

精彩
—赏析——

　　这是一个发生在飞机上的故事，这个故事非常温馨。作者在文中多次描写在飞机上偶遇的看起来有点奇怪的人。在整篇文章中，作者采用了先抑后扬的手法：首先说出了自己对女邻座不好的印象，这是"抑"；随后作者了解了事情的全貌，便是"扬"。在故事中，"草根之家"是一个非常温馨的机构，女邻座的故事也让人非常感动，女邻座的老公是一个有责任心和有担当的男人。从作者的文字当中，我们能够感受到作者是一个很容易和别人共情的人，她让我们感受到女邻座是一个非常可爱的人。

_____

十分好印象

🌷 心灵寄语

　　每个人的生活都不是一帆风顺的，每个人都会遇到挫折。当我们遇到挫折的时候，应该以积极乐观的态度面对，这样可以战胜困难，获得快乐。

　　我一回头，看到了坐在我身后的那位青年，他的姓名牌上写着"杨勇"二字。心想，这名字也太常见了，爹妈取名的时候显然没用心。于是我跟他聊天的第一句话就是："你的名字太常见了，我有个大学同学就叫杨勇。"他嘿嘿一笑，说："就是，解放军有位大将也叫杨勇呢。"

　　嗯？居然还知道我军有位大将叫杨勇。心里便有了对他的第一分好印象。

　　我们在一汽大众的成都分公司采访，参观了厂区后，公司方面叫来十几位工人和技术人员与我们进行一对一的交谈。这在我的采访经历中还是第一遭。看来这家公司的管理理念的确比较开放、创新。

放眼一看，被叫来参加座谈的，百分之九十以上都是年轻人，那些不满三十岁的真正意义上的年轻人。

也是啊，刚才去厂区参观，看到的跟我去军营参观差不多，全是二十岁左右的小伙子，生机勃勃，甚至能感觉到热腾腾的汗臭。据介绍，他们的平均年龄是二十三岁。也就是说，他们全部是在我大学毕业之后才出生的，我们之间差一代人都不止。

杨勇就是在我大学毕业那年出生的，1983年。他和其他年轻人不同的是，他是个工程师，生产管理部的物流工程师。我父亲也是工程师，铁路工程师。我知道作为一名工程师，除了要有扎扎实实的知识外，还必须有很强的操作能力，属于那种特别务实的职业。所以一得知他是工程师，我便有了第二分好印象。

第三分好印象来自他的外貌。虽然我不是外貌协会的，但看到一张长得端正的干净的脸庞，还是会感到愉悦的。杨勇不只是端正，可以算得上英俊了，如果他再有个一米八的个子，估计会被影视圈儿的猎头们相中。

第四分好印象来自他的笑容，他笑起来眼睛发亮，没有阴影。当你看着他的笑容听他说话时，就会信任他。从笑容里你可以看出，他的心境不错，工作、生活、情感，都应该没有太大的问题。

可不知怎么，我总感到有些困惑，这困惑是什么，我一时说不清楚。也许在我看来，今天的人无论是谁，都不可能很轻松地过日子。难道他没有苦恼吗？

我就带着那么一点困惑和他聊天。他说话的语速很快，我只好打开手机录音。免得笔头记录跟不上。他对此没有表示任何异议，显然是个对人不设防的人。

杨勇毕业于山东大学，所学专业是物流工程。他不但是他们家第一个大学生，还是他们家族的第一个大学生；不但是一个大学生，还是一个成绩优异的大学生；不但是个成绩优异的大学生，还是个班长，在大二时入了党，是一位学生干部。

这三个"不但是，还是"，让杨勇在毕业后马上就被一家大型机床厂聘用了，任总经理助理。杨助理在山东一干就是三年，一切顺利。他说他喜欢山东人，豪爽，讲义气。工作也很顺心，作为一个总经理助理，前景是看得到的。

但是，2010年夏天，他的生活出现了第一个变故：父亲因意外突然去世。作为独子，他不能不为母亲考虑，于是辞去了机床厂的工作，离开了他喜欢的山东，回到四川老家。

忘了介绍，他是四川什邡人。

显然这给了我第五分好印象：孝顺。能为母亲作出牺牲，难得。同为母亲的我，没有理由不欣赏这一点。估计当他谈到这部分时，我一直在频频点头赞许。

但杨勇并没有拔高自己这一举动，他是这样说的："我父亲去世的时候，我在那家企业的合同也正好满了，所以辞职的话，也不至于太对不起原单位。"

杨勇7月初回家料理父亲后事，7月中旬在网上投放了自己的简历重新找工作，几乎一天没耽搁，就被推荐到一汽大众的成都分公司。当时该公司正扩建，面向社会广纳贤才。他7月底去参加了面试，半个月后就收到了录取通知。

命运之神奖励了这个孝顺的青年，我是这么认为的。他由此顺利进入一汽大众，成为这个著名企业的一员，其待遇，也高过了他的期望。

说到这里杨勇笑得很开心。他承认自己运气好。

"运气老好的。嘿嘿。"他用东北话跟我说。后来我注意到，他起码说过三次"老好的"。这第一说明他身边的东北同事不少，第二说明他对自己的现状的确是满意的。

我笑了，为"老好的"加了一分。因为通常承认自己运气好的人，都比较通达开朗。不少人是习惯另一种表达的，即遇到坎坷就说自己运气太差了，遇到好事时就说全靠自己努力坚忍不拔。

从后来的交谈中我听得出，杨勇对他的工作的确是满意的。他说起厂里的事滔滔不绝，从产量谈到质量，从本职工作谈到整个企业的发展，从福利待遇谈到文化生活，热爱之情溢于言表。（比如说到重视质量，他给我举例说，哪怕手刹下面有个划痕都不会放过的，都会检查出来返工。说到文化生活，他说得特别丰富，最近还刚刚举办了摄影大赛。说到责任感，他说昨天他看到一辆叉车开出了厂区，马上上前过问。虽然这不在他职责范围内，但看到违反规定就要管，因为"企业的好坏是和我们每个人有关系的"。）

我明知故问道："在这种大型企业工作，是不是很有自豪感？"

他说："是啊，真挺自豪的。有时候在路上看到自己厂里生产的车，会忍不住叫一声'哈，新速腾！'特别开心。连我的亲戚朋友都为我骄傲，经常向别人介绍说，这是某某，他在一汽大众！"

随着交谈的持续进行，我对他的好印象已经有了七八分，但并没有感到太多的欣喜。这是写小说的人落下的毛病：总喜欢有点儿起伏和波折坎坷。可我们的访谈却一顺儿地铺开：努力工作，团结同志，热爱企业，孝顺父母……坐在我面前的，是一个端正得不能再端正的青年了，就好像他是他们流水线上出来的产品，样样合格。

比如我问他："你们厂的青年工人，一半是东北人，一半是四川人，大家能玩儿到一起吗？"

他回答："可以玩儿到一起的，没有太大矛盾。因为四川招的工人也要先送到长春去培训一年，对那边的生活习惯什么的，就熟悉了。有些语言能力强的，回来一口东北话。"

我又问："同样是年轻人，你是工程师，他们是流水线的工人，相处好吗？有隔阂吗？"

他回答："很好相处啊。虽然我跟他们工作不同，但我和他们的命运相仿，都是出身贫寒，要靠自己努力。其实不管你做什么，不要把自己看成高人一等就行了。

看看，回答不但在理，而且在情。

而且在我们一个多小时的谈话里，他的笑容始终没有消失，一直在脸上挂着，只是根据话题的不同变换一下舒展的程度而已。

比如当我问到他有没有女朋友时，他的笑容就大幅度展开了，而且两眼放光："我已经结婚了！我妻子也是什邡的，我们是大学同学。不过她是学医的，牙科医生。我们原先不认识，进大学后经同学介绍就认识了。很谈得来，就在一起了。现在她在什邡工作。"

嗯，还有一个很称心的妻子。

从婚姻，我们的话题迅速转到了房子，毕竟那是结婚的硬件。

"我还没买房子。你晓得的，现在房子好贵哦。"杨勇坦率地说。

我说："就在龙泉买嘛，我这一路过来，看到龙泉好漂亮，路边绿化非常好。"他说："是这样打算的。不过龙泉的房子现在也涨起来了。我们有同事买了，八千多元一平方米呢。"

我暗自一算，的确压力够大的。

但他依然笑眯眯的，没有发牢骚。他告诉我，他在龙泉租了个临时住所，每个周末回去跟妻子团聚。

我问了最后一个问题，很落套："那你对自己有什么规划吗？"

没想到这个问题，终于让杨勇的脸上掠过了一丝愁绪，尽管还是在笑，但笑容没那么明朗了："说实话，谈到今后的规划，我有点儿茫然。原来在那个厂，前景很明确，现在好像有点儿不明确了。"

但他马上又自我开导说："人生嘛，就是波澜起伏的，有高峰肯定有低谷，现在我算是在波谷吧，波谷之后就会有波峰，我相信我马上会往上走的。不管怎么样，我先把当下的工作干好再说。"

这真让我没话可说了。

我终于放弃"找碴儿"的打算。对于这样一个青年，我没有道理非要找出他的"坎坷"或者"负面"来。毕竟我不是在写小说，我是在面对一个真实的人，这个人努力工作、心情愉快，我应该为他感到高兴才是。

没有了目的性，我就跟他闲聊，比如："业余时间喜欢干吗？"

"我喜欢运动！篮球、乒乓球、羽毛球都喜欢。有空我就约朋友去打球。"杨勇笑容满面，"我还喜欢看电影，我跟我媳妇有个约定，每个月都看场电影。"

这最后一句话，让我给杨勇加上了第十分。

为什么不能给满分呢？

我们努力学习，努力工作、成家立业，都是为了追求快乐的生活。而杨勇，他已经快乐。

精彩赏析

在这篇文章中，作者描写了一个平凡的青年，但是这位平凡的青年，身上又有着不一样的品质，正是因为这样，才能给作者留下好印象。杨勇的生活经历和当今社会大多数人差不多，但是他非常乐观向上，遇到事情不会发牢骚，即使生活当中有不如意。杨勇在经历了父亲去世之后，没有失去生活的信心，重新为生活做打算，这也能体现他乐观和积极向上的生活态度。杨勇的口头禅"老好的"，也可以从侧面看出他面对困难的不退缩。社会上有许多为工作而焦虑的青年人，他们应该以何种态度去面对生活？在文章中，作者已经给出了答案。当遭遇到坎坷而感到焦虑的时候，应该要保持乐观向上的态度，多追求快乐，还可以通过运动和培养兴趣爱好来舒缓这些焦虑。

▶预测演练三

1. 阅读《颜值这回事》，回答以下问题。（9分）

（1）你认为文中的"我"是一个什么样的人？（3分）

_____

_____

（2）父亲为什么给"我"讲苏小妹的故事？（2分）

_____

_____

（3）在文章最后，作者总结了自己的想法，请概括作者的想法。（4分）

_____

_____

_____

2. 阅读《人不可貌相》，回答以下问题。（6分）

（1）作者为什么把这篇文章的题目定为"人不可貌相"？（3分）

_____

_____

（2）你觉得这篇文章的写作特点是什么？（3分）

_____

_____

3. 阅读《鱼的孩子》，回答以下问题。（11分）

（1）为什么说表哥是鱼的孩子？（4分）

_____

_____

_____

（2）你觉得表哥是一个怎样的人呢？（4分）

_____

_____

_____

（3）表哥为什么会说"子非我，安知我不是鱼之子"？（3分）

_____

_____

_____

4. 写作训练。（60分）

　　我们努力学习、努力工作、成家立业，都是为了追求快乐的生活。

　　你认为应该如何衡量"学习"和"快乐"的关系？请联系现实，写一篇文章，体现你的感悟与思考。

　　要求：选准角度，确定立意；明确文体，自拟标题；不少于800字。

多年以后

❀ 心灵寄语

> 有些事情，发生的时候我们并没有多大的感触，但是当时间飞逝，未来的某一瞬间想到这些事情，会有很多感悟。

近日去一个老友家做客，在聊到数十次进藏采访时，老友忽然说起一个我们都熟悉的领导。他说那个人真好，厚道。我心下暗暗诧异，因为我对那人印象可不好，感觉是个没啥能力只会说套话的人。老友回忆，20世纪90年代他们去西藏边关拍一个大型纪录片，路很烂很危险，他们的吉普车一路走一路坏，几次险出车祸。他抱着试试看的心情，打电话给那个领导，他和领导也就见过一面。不想领导听了后马上说："用我的车保障你们，你们的安全很重要。"说罢立即下令，把自己的丰田越野派给了摄制组。老友说他们当时惊喜不已，非常感动。

那我为什么对他印象不好呢？话说也是下部队采访，我在某个演习场地遇到他，一见面他就叫错我名字，把我叫成"袭山山"，而且当有人婉转提示是裴山山时，他居然很自负地摆手说："袭山山我还能不认识吗？"我很尴尬，也不便当众纠正，心里却留下了他没文化的印象。后来我又听人说，他的儿子本来不咋样，靠着他却提拔很快。这下对他的坏印象就坐实了。

可是面对老友的感慨，我不好意思再吐槽了。作为一个经常去西藏采访的人，我知道那路有多险，更知道一辆好车有多重要。他能立即把自己的车给摄制组，说明他的确是个厚道人。他原本可以打个官腔，让其他人去处理的。而且老友还说，其他下属也反映，他是个经常帮下属解决困难的领导。

由此可见，人绝不是单一的好或单一的不好，只是由于我们不能即时获得完整的信息，便容易做出不完整的判断，甚至以偏概全。也许，时间才是修正我们眼光的精密仪器。这样的经历，我估计每个人都有：多年以后，发现某个人并不像自己想的那么坏，或者，并不像自己想的那么好。甚至，曾粗暴地对待过某个人，心生愧疚。

记得是我三十岁出头那年，当时孩子小，工作重，过得很辛苦。有个黄昏，我从幼儿园接回孩子，忙着做饭。正要炒菜的时候来了一对中年夫妻。他们说是经朋友的朋友介绍来找我的，我只好关了火请他们进屋坐。原来，他们的儿子马上要从军校毕业了，他们想托我帮他们的儿子分到成都，不要去偏远的部队。我一口回绝，我说我没这个能力。这是实话，同时以我当时非黑即白的性格，很厌恶这样的事。我说既然考了军校，就应该有吃苦的思想准备，去部队锻炼一下没什么不好。我一边说一边开始烦躁，锅里是炒了一半的菜，地下是正在玩儿水的儿子，真恨不得他们马上离开。可他们就是不走，反反复复说着那几句话，他们儿子身体不好，受不了太艰苦的生活，请我帮帮忙。我看不松口他们是不会走的，只好说"我去问问"。他们两个马上眉开眼笑，立即从地上拿起旅行袋往外拿东西，仿佛交订金一般。我一下就火了，估计脸都涨红了，大声说不要这样。可是大妈把我按在沙发上，大叔往外拿东西，我完全没有办法。其实，就是两瓶白酒，七八个砀山梨。他们走后，一个梨从茶几上滚了下来，我满腔怒火上去就是一脚，把梨踢得粉碎，把儿子吓哭了。故事还没完。第二天我去服务社看了下酒的价钱，然后按他们留下的地址写了封信，义正词严地说我不会帮这个忙的，也希望他们的儿子勇敢一点，不要让父母出面做这样的事。然后连同钱一起寄了出去。

过了这么多年想起这事，真的是心生愧疚。不是说我当时应该帮忙，而是我的态度，我太不体恤他们了，那么生硬，轻蔑。我至少应该安抚一下他们，多给他们一些笑容。他们很可能是下了很大决心才来的，从很远的郊区坐公交车赶过来，东问西问问到我的家，拎着那么重的东西，厚着老脸来求一个年轻人。可我却"义正词严"地拒绝了他们，我对二十多年前那个"义正词严"的自己，实在是太不喜欢了。

为什么要过这么多年，我才能明白？

若干年前的秋天，我应邀去一个小城采风。采风结束时，主人家让大家留下"墨宝"，我连忙闪开。作为一个毛笔字很臭的人，遇到这种场合除了逃跑别无他法。可是，那位负责接待的先生，却三番五次来动员我，我一再说我不会写毛笔字，他就是不信。也许是我的钢笔字误导了他，我给他送书时写的那几笔，让他认为我的毛笔字不错。他说："你现在不愿写，那就回去写了寄给我。"我以为是个台阶，连忙顺势而下，说"好的好的"。

哪知回到成都，他又是写信又是发短信，一再催问我写了没有。看来他不是客套，是真的想要。我看实在是躲不过了，就找出笔墨试着写了几个字，真不成样子。可他继续动员："我们就是想做个纪念，你随便写几个字吧，写什么都行。"我便临时抱佛脚，练了三五天，然后找我们创作室的书法家要了两张好纸，并问清了应该怎样落款怎样盖章，总算勉强完成了任务，寄了出去。过了十天，他来短信问我："寄出了吗？"我说："寄出了呀，寄出好多天了。"他说："怎么没收到呢？"又过了一周，他告诉我还是没收到。我说："也许是寄丢了吧？"他说："那太可惜了。"好在，他没再让我写了。

过了好多年好多年，去年的某一天，我忽然想认真学毛笔字，就找了个教学视频来看，一看才知道，我当初那个哪里是毛笔字，完全没有章法，就是在用毛笔写钢笔字。于是忽然明白：那年我寄去的"墨宝"肯定没丢，他肯定收到了，只是打开一看，出乎他的预料，根本拿不出手，为了维护我的面子，他只好说丢了。虽然我没去跟他确认，但心里已肯定无误了。

生活藏满了秘密，而答案，往往挂在我们去往未来的树上，你不走到那一天，就无法看到。

再说个长点儿的故事吧。

1983 年夏天，一个十七岁的女孩儿跑到我刚刚就职的教导队来找我，告诉我她考上大学了。她是我大学实习时教过的学生，教过四十天。1982年秋天，我到一所县中学实习，教高二。我当时二十四岁，说一口普通话，充满了20世纪80年代大学生的热情和浪漫。比如，利用晚自习时间，给全班学生朗读海伦的《假如给我三天光明》，希望他们珍惜生命、珍惜青春；还比如，晚自习时，发现教室外的晚霞非常美丽，就停下讲课让所有同学走出去，站在长廊上看晚霞，直到晚霞消失，然后让他们就此写一篇作文。我还以自己的经历告诉他们，一定要努力考上大学，一定要走出家乡去看看外面的世界。我的这些做派很对高中生的胃口，学生们因此都喜欢我。特别有几个女生，总围着我转，一下课就寸步不离地跟着我。

这个考上大学的女孩儿，就是其中一个。

她后来告诉我，当时我看她穿了一身很破旧的衣服，非常着急，问她："你就穿这个去上大学吗？"她说她只有这身衣服，家里四个孩子，父母务农，生活很困难。我便把她带回家，从自己不多的衣服里找了几件给她，有牛仔裤，有衬衣，有T恤，好像还有件毛衣。因为她个子比我略矮，都能穿。

这件事我完全忘了，只记得她来看过我。二十多年后的某一天，她突然打电话找到了我，她在电话里激动得语无伦次："裘老师我好想你啊，我一直在找你。裘老师你知道吗，我上大学时你送我的那几件衣服我一直穿到毕业。后来我们家情况好些了，我就把你送的衣服洗干净包起来，放在柜子里。每次搬家我妈妈都要说，这是裘老师送你的衣服，不能丢。我们搬了五次家，这包旧衣服还在我们家的柜子里。"

接到这样的电话，对我来说不啻是领到了上天的奖赏。

而这个当年的小姑娘，如今的高中数学老师，仍在源源不断地奖赏我：她亲手剥花生米寄给我，亲手灌香肠做腊肉寄给我，亲手绣十字绣寄给我。无论我怎么劝说，都挡不住她做这些事。

最让我感动的是2013年元旦，当时我正经历着一生中最寒冷的日子：父亲罹患重症，母亲身体也不好。一个在医院，一个在家。由于每日来回奔波，天气寒冷，我也病倒了，发烧，头痛。晚上躺在母亲身边，一边安抚母亲，一边忍受着感冒带来的折磨，心情实在是阴冷到了极点。

忽然叮咚一声，我接到了一条短信："裘老师：偌大的地球上能和您相遇，真的不容易。感谢上天让我们相识于1982。您让一个从未奢望上大学的穷孩子有了上大学的梦，并最终实现了梦。从此她的家有了前所未的改变，她的弟妹也努力学习，一家四个娃都上了大学，而他们的父母几乎是一字不识，这是一个奇迹。感谢您，裘老师！元旦来临，祝您身体健康，家庭幸福。您的学生罗花容。"

我的眼泪瞬间涌出。我知道她并不了解我当时的情况，她只是在表达她的感情。而这份感情之于我，在那一刻实在是太重要了，是寒冷的冬夜里最温暖的一束火光，让我的心重新热起来，亮起来。我忽然明白，原来三十年前二十多岁的我，给三十年后五十多岁的我，留下了一根火柴。

很多感情和心境，我们总要在多年以后才能体验。有的，或许已转化成生活的礼物，有的，则铸成一生的遗憾。

1月里的某一天，阳光明媚，气温却很低，有点儿北方冷冻的感觉。我参加完军区部队的转隶交接仪式，一个人穿过操场，走向办公大楼。四周很安静，我知道这安静里正孕育着风云，中国军队将面临全新的格局，对这样的全新我们充满期待。但一个有六十一年历史的军区也将因此消失。而我，在这个军区里整整服役了四十年的老兵，也将面临转身离开。那种心情，真无法诉说。

我一个人走着，忽然想起了父亲，父亲是在1982年中国军队第七次大裁军中离开部队的：他所在的铁道兵被成建制撤销了，他因此提前离休脱下了军装。那个时候父亲曾无限感慨地对我说："我读的北洋大学没有了，我当了一辈子的铁道兵也没有了。今后我都没有老部队可回了。"而我，只是随口安慰了他一句："提前退休不是更好吗？辛苦了一辈子，正好早点儿休息。"

三十年后的今天，我忽然明白了当时父亲的心情。因为我此刻的境遇与父亲完全相同；而我此刻的年龄也与父亲当时的年龄，完全相同。虽然到了今天，我也没想出更熨帖的话来安慰父亲，我仍为自己当初的漫不经心感到内疚。

等我今天明白时，早已物是人非。对于已经去了另一个世界的父亲，我还能说什么呢？很多人生的遗憾，就是这样留下来的吧。这些日子我反复在想，我当时到底该怎样安慰父亲呢？老实说，将心比心，没有什么安慰能让他好受。也许，当父亲生发出那样的感慨时，我最应该做的，就是陪着他一起沉默。

因为多年以后我才明白，很多感情，难以言说。

也许人生就是一个不断失落和释然的过程。那些失落和伤怀让我们更能理解他人，而那些释然和感动，则让我们活得更加豁达。

精彩
——赏析——

　　文章中，作者采用了直接叙述的方法写出了多年以后想起自己以前经历的事情而产生的感悟，借此启发读者：面对过去发生的事情，我们应该开阔自己的视野。作者还采用了联想的写作手法，通过一件事情回忆起许久之前的另一件事情，以此表达对过去事情的愧疚。文中多次的心理描写，刻画了自己的感受和体会。作者将这些经历作为例证详细道出，用以说明自己的感悟：很多事情在发生的时候是难以言喻的，但是等到多年以后才能够体会到。这是一篇充满哲理的文章。

我的第一笔稿费

当一个作家拿到第一笔稿费的时候，他们的心情会非常复杂，可能带着喜悦，可能带着激动，也有可能是忐忑不安。

我人生的第一笔稿费，是《解放军文艺》发给我的，七元钱。

那是 1978 年。那年我二十岁，在重庆某部当话务兵。《解放军文艺》二十七岁，在遥远的北京。这么一想，我和《解放军文艺》几乎是同步成长的。当然，它大我七岁。

其实在此之前，我已经在《重庆日报》上发表了一篇题为《我们女战士》的散文，虽然如今读来很令我汗颜，全篇都是空洞的抒情。但对我来说非常重要，毕竟是处女作。但那篇散文没有稿费，报社就是在寄样报时寄来两本稿纸，作为物质奖励。

我哪里会计较稿费呀，高兴都来不及。于是自信心大增，又写了一篇散文——《灯下》。也很抒情，从山城的灯火写到延安窑洞的灯光、八角楼的灯光、曾家岩的灯光，再写到今天高考恢复后灯下苦读的学生，生产恢复后在灯下攻关的科研人员，等等。比前一篇稍微实在点儿，关键是很符合当时的社会氛围——百废待兴，充满希望。

我又寄给了《重庆日报》。但这回他们居然给退了回来，也没说原因。这让我很泄气。

幸好，我当时认识一位新闻干事，是个从复旦毕业的才女。她使劲儿给我鼓劲儿，说："退稿很正常，你再往别处寄就是了。"她还为我提供了我好多报纸和杂志的地址，叫我多寄几个地方，不然等一个地方退了再寄另一个地方太慢了。我有点儿担心："一稿多投行吗？"她说："你放心，不大可能有两家报刊同时看上你作品的。"我就壮起胆子，用复写纸复写了五六份，一起寄了出去。然后，就忐忑不安地期待着。

回想起来，我的所谓"写作才华"，当兵第一年就被领导发现了。大概最开始是给我们班写好人好事稿。写完了，吃饭的时候就站在食堂中间念给大家听，算是广播了。我们班长觉得，哎，这个丫头还可以写东西，于是搞晚会的时候，就让我写个节目，我就写了个诗朗诵。被大家夸奖后，胆子就大起来，什么都敢写。写过快板儿，写过三句半，还写过山东柳琴，其中有不少是帮其他分队写的（一分报酬没有就开始揽活儿了），师从连队图书室的一本《解放军曲艺》，照猫画虎，把战友们的好人好事编进去。

副指导员发现后，就把我抓住了。于是我一次次地被抽调出来，参加连里和营里的新闻报道培训班，天天埋头写。我一方面窃喜，一方面担忧。喜，自然是我原本喜欢写作；忧，是我妈妈一直反对我写作。她希望我学技术，像父亲那样当个工程师。但天高皇帝远，我依然在连队写、写、写。

终于，我寄出去的五六份《灯下》有回音了，果然如那个才女所说，只有一家采用，其他几家杳无音信。而这一家，就是《解放军文艺》。解放军文艺编辑部发函到我们连，了解我的情况。那时发文章是要政审的。我们指导员连忙回电话，说了我一通好话。

我知道后，给父母写了一封信。

爸爸妈妈：

……我知道妈妈希望我像爸爸那样搞工科，我自己也希望能够成为对国家有切实贡献的人。每次听到我国科学水平不如外国时，就恨不能立即走上科学研究的岗位，但细一想，又觉得离自己很遥远。对于文学，我从小就比较爱好，只是因为妈妈不太赞成，因此不太重视。但可能是因为遗传吧？怎么丢也丢不掉，总是很喜欢。

特别是那天，《解放军文艺》社来函说，准备刊用我的一篇散文《灯下》，我更动心了，总觉得自己在这方面发展性大些。他们来调查我的政治情况，后来我们副指导员给他们打电话时，那位编辑鼓励我今后多写些。

这两天我在营里参加干部学习班，作为报道员参加的。一共是四天，各连干部都来了，就我一个战士，还有总站派来的一个干事，他们要我写一篇报道。我们连今年稿子上得不多，教导员着急了，老抽我出来写，可也解决不了问题，我新闻稿件一篇也没上，就上了一篇散文和一首诗。可能我不适合写新闻报道吧？我都有点儿丧失信心了。昨天教导员跟我说："新闻报道不行你就写文艺作品，反正今年任务一定要完成。"因为我们营还有一篇上中央报刊的任务，教导员似乎把希望寄托在我身上，我感到很有压力，不过有压力也好。

此信写于 1978 年 5 月 16 日。还好有信，不然很多细节我都忘了。

写信后不久，我的散文就在《解放军文艺》发表了，是 1978 年第六期。我的名字后面还有个括号，里面写着"战士"二字。我看了目录，那期的作者一共有两个是战士。

虽然《灯下》只有大约一千字，但毕竟是上了《解放军文艺》，可把我们指导员和教导员高兴坏了，因为《解放军文艺》算"中央报刊"，我这一发，等于完成了我们连乃至我们营"上一篇中央报刊"的任务。

更让他们惊喜的是，这篇散文后来又上了中央人民广播电台，作为配乐朗诵播出了。这下出了名，常会有人对我说："噢，你就是那个会写文章的女兵啊。"

我在开心的同时，有些惶恐。因为从小被父母教育，要夹着尾巴做人，这么出风头让我很不自在。

不久，连队司务处就通知我去领稿费。

原来还有稿费！我吃惊不小。原来那时发稿费，不是刊物直接发给作者。而是《解放军文艺》统一转给后勤，后勤再下发到成都军区，成都军区再按程序一级级下发到我们连司务处。

整整七块钱！可把我吓了一跳。我那时一个月的津贴也就是七块七毛五，这么一篇文章（大约一千字），居然和我一个月的津贴差不多，完全是"意外之财"。我和我的战友们都是第一次听说稿费这个词。

我领到七块钱后，不知如何是好。没人告诉我该怎么做，经常指点我的那个才女已经走了。本能让我觉得这钱不能随便用。我就拿着钱去问我们连长，我们连长居然很开通地说："这是你的钱，怎么用你自己决定。"

虽然他这么说了，我还是拿不定主意。思来想去，决定和全连官兵分享。分享的方式，就是去新华书店买书。我用那七块钱买了十几本书，那时候书很便宜，几毛钱一本。我挑了些平时我很想看但没钱买的书，当然都是小说，中国的外国的，然后捐给了连队图书室。连长指导员狠狠地表扬了我一番。

其实我是有私心的。我们连队图书室是我很喜欢去的地方，但书太少了，尤其文学书籍少，尽是什么"电话学""电工学"之类。仅有的十来本小说已经被我看完了。我买的这十几本一放进去，我第一个就借了出来，"饱餐"了一顿。

连续发了两篇散文后，我觉得自己更适合写文学作品，而不是新闻稿。于是继续写散文。这次写得比较长，有三千字，并且开始写故事了。我写了我们话务兵的几个小故事，题为《谢谢》。发表在我们军区的《战旗文艺》上。

军区直接给我发了八元钱稿费。我拿到后，还是给连图书室买书了，还是马上就借出来"饱餐"了。以至于后来，我们连的兵上街看见新华书店进了新书就来向我通报，让我去买。他们哪里知道，稿费不好挣啊，我也就这么三板斧。

年底，解放军文艺出版社下发一个文件，上面是 1978 年各大军区在《解放军文艺》发表作品的情况，成都军区那栏就是个"1"。也就是说，没有我那篇千字文《灯下》，我们军区就剃光头了。于是，上级给了我一个嘉奖，奖品就是一个白色搪瓷杯。

想起来蛮开心。

等我的文章再次登上《解放军文艺》，已是九年后。

1987年春天，我在《解放军文艺》第二期，发表了短篇小说《太阳雨》，以南线战事为背景，写了一个孕妇的故事。这篇小说获得了第二届四川省文学奖，算是我创作早期比较重要的一个作品了。

我查了一下我的作品目录。据不完全统计，从1978年至今，我在《解放军文艺》上一共发表了两个中篇小说、七个短篇小说、三个报告文学、一个访谈和一篇散文（就是得了七块钱稿费的那篇散文）。

现在想来，作为一个穿军装的作家，从《解放军文艺》起步走上文学之路，是绝对靠谱的。而从司务处领到的第一笔稿费，也绝对是珍贵的。

精彩 赏析

在本文中，作者通过"我的第一笔稿费"这一话题，介绍了自己是怎样踏上了文学之路的。从"文学才华"被领导发现，为部队写新闻报道、晚会节目到开始文学创作，从投稿失败到收到第一笔稿费……作者通过写作，为集体带来了荣誉，为自己带来了收益，并且用这份收益继续提高自己的文学功底，最重要的是，作者找到了自己的人生方向。从文章的描述中，我们能够看到稿费对于作者来说并不只是钱，还是一种激励写作的力量。

留在青春的记忆里

🌸 **心灵寄语**

> 在看电影的时候，人的注意力会高度集中于一个影片，甚至把自己当成主人公，去经历电影中的悲欢离合、失败与成功，这就是电影的魅力。

我无比热爱电影，对那种几年都不进电影院的人，总会在心里白他一眼。远的不说，仅 2020 年夏天疫情缓解后，半年之内，我就去电影院看了九部电影。疫情期间更是每天在网上找电影看。可以说，是电影点亮了我无数个烦闷的日子，抚慰了我的心灵。我曾经写过一篇随笔，叫《热爱话剧》，细说我看话剧的经历和那些看过的话剧，其实也就二三十部，几乎是我所看过的电影的零头吧。如此说来，我欠电影一篇随笔，感激的随笔。

我看电影的历史，要追溯到学龄前。小时候，父亲他们学院里周末必放电影，有时大礼堂，有时广场，我和姐姐一场不落。每次看了回来，父亲会问："电影怎么样？"我回答："好看！"父亲摇头："总是这一句。是哪里好看？"我羞愧地低头，说不出来。更为羞愧的是，至今我仍然说不出，每每向朋友推荐电影时，我依然是那两个字：好看。最多加一句：精彩。

但是，即使说不出个子丑寅卯，我也知道，有的电影，是在我心里打下了深深烙印的，或者说影响了我人生的。

就说说其中两部吧，它们留在了我的青春记忆里。

1977年我当兵到部队。我们连和军部挨着，只要军机关放电影，我们就排队去看，拿着小板凳，唱着《大刀进行曲》（因为连长只会这一句：大刀向——预备唱）。

那个时候能有多少电影啊，我说的是20世纪70年代末，三战两队：《地雷战》《地道战》《南征北战》《敌后武工队》《铁道游击队》，最多加上个《英雄儿女》，最新鲜的也就是阿尔巴尼亚的《宁死不屈》。英雄好汉们翻来覆去地在我们眼前晃，晃得我们无比渺小。当然，那个时候生活枯燥，没有电视，鲜有书报，有电影看总比没电影看好。所以一通知看电影，大家还是欢呼雀跃的。

但唯有一部电影是例外，那就是《杨门女将》。

这是一部戏曲电影，准确地说是京剧。讲的是宋朝杨家将的故事。孙儿杨宗保为国捐躯后，祖母佘太君以百岁之身，率孙媳妇穆桂英及杨家第四代奔赴边关，抗敌救国。第一次看时，多少有些新鲜，回到宿舍，大家还学着寇准来了几句"挂得挂不得"，还认识了个生僻字：佘，佘太君的佘。第二次看时，就有些不耐烦了；第三次看时，觉得好难熬；第四次看时，知道了什么叫痛苦；第五次，第五次就愤怒了，大家一起叫："怎么又是《杨门女将》啊！"想想我们当时也十八九岁的年纪，哪里会喜欢那样慢慢吞吞的咿咿呀呀的戏文？管他是不是得过电影百花奖。

在连队的那两年，我大概看了四遍《杨门女将》，因为值班还逃脱一次。由此可见该军是多么喜欢放映《杨门女将》。我们是话务兵，消息灵通，很快就搞明白了军机关为什么总喜欢放这部片子了，原因很简单：军长喜欢，不，是酷爱。

军长喜欢，我们就没了脾气，我们和军长隔着千山万水，有脾气也没辙。其实我对这个军长的印象颇佳。有一年军区来了个老首长，接见军直属单位，就把我们捎上了。老首长给我们作指示时啰里啰唆，絮絮叨叨，不知所云。当时军长就站在旁边，老首长一讲完他就讲，干脆利落地说，刚才首长作了三点指示，第一、第二、第三……我一听，佩服得不行，因为他说的三点，的确包含在大首长的絮叨里，他只是把它们扼要地提溜出来了。虽然军长个子不高，可我一下子觉得他很高大。

1979 年春，该军上云南边境去打仗了，由该军长亲率。我们守着空空的营院等他们回来。那个期间，我还亲自转接过从前线打来的报告噩耗的电话，牺牲的战士是个首长的孩子。这让我间接地体验到了战争的残酷。那时候就盼着他们安全归来，哪怕再看几遍《杨门女将》。几个月后，他们终于班师回朝了。歌舞团前来慰问演出，我们也应邀去看。有个女演员给大家唱陕北民歌，一首又一首，怎么也下不来。无论她怎么鞠躬谢幕，大家都使劲儿鼓掌不停，叭叭叭地猛拍。也许是穿过枪林弹雨之后，对甜美的歌声格外迷恋？这个时候，我看见前排观众席上，站起来一个矮墩墩的人，他转过身，面向大家，我看清了，正是军长，尽管他的脸色已变得黢黑。他抬起他的两个粗短的胳膊，张开大巴掌，轻轻向下按了按，顿时，满场的掌声倏地平息，安静得让人感动。

不知为何，那一刻，我想起了佘太君。你说这样的军长，他喜欢看个《杨门女将》，我们能有多大意见？

三十年后，我意外认识了军长的儿子，一个大校军官。当我知道他就是那个军长的儿子时，我的第一句话就是："你爸是哪儿人啊？他为什么那么喜欢看《杨门女将》啊？"让我意外的是，他并不知道他爸有此爱好。他们家的孩子从小就很少跟父亲在一起。或许，他和父亲一起看电影的次数，远不如我多。在我跟他说起这段往事时，他父亲已去世多年。他到底是因为喜欢京剧而喜欢《杨门女将》，还是因为喜欢杀敌卫国的故事而喜欢《杨门女将》，还是因为喜欢某个演员的唱腔而喜欢《杨门女将》？永远成了悬案。

因为这段悬案，这部电影，永远留在了我的青春记忆里。

1979 年南线战事一结束，我就向领导提出考大学的申请。其实头一年我也提出过，没被批准。这一次我死缠硬磨，终于争取到了参加 79 年全国统考的机会。虽然仅有一个月的复习时间，我的分数还是高出了当年录取线三十九分。我兴高采烈去体检，却被查出肺部有阴影，医生怀疑是肺结核，将我打入另册。我从医院出来，一路哭着回到招待所。那时我在成都举目无亲，又不敢打电话和父母说。

晚上，当我一个人在房间掉着眼泪收拾行李打算回连队时，忽听广播通知要放电影，心想不管咋样先看了电影再说，就一个人拿个小凳子去操场看电影。那部电影，就是墨西哥的《冷酷的心》。

说起来，这并不是一部经典的电影，没获过什么奖，也不会被列入必看电影名单。但在当时可是新鲜靓丽的，刚从国外引进，由上海电影译制厂译制。

电影讲述的是两姐妹的爱情故事，姐姐阿依媚漂亮性感，属于人见人爱的那种，但占有欲很强。她和帅气儒雅的检察官莱纳多订婚后，又和莱纳多的同父异母兄弟，有着野性气质的胡安幽会。妹妹莫妮卡也很漂亮，但性格温柔，善良贤淑，尽管内心一直爱着莱纳多，却从未表露。眼见莱纳多要和姐姐结婚了，她痛苦不堪，就躲进了修道院。而修道院的嬷嬷为了考验她，一定要她去参加姐姐的婚礼，于是她又回到家中，与胡安相遇……之后，四个人在情感纠缠中发生了一连串曲折复杂的故事。

我那时没失恋过，所以对莫妮卡的失恋无动于衷。但是，她竟然也得了肺炎！这一下抓住了我。而且莫妮卡的肺炎非常严重（我却一点儿没感觉，坚决不相信自己得了肺炎），在胡安送她去修道院的船上，她发高烧，昏迷不醒。以至于胡安不得不先送她去牙买加治病。

我永远都忘不了那个画面，莫妮卡在热带的阳光中苏醒后，搞明白了自己的状况后，并没有为自己的遭遇悲伤哭泣，而是坚持要继续前往修道院，要为保住莱纳多和姐姐的幸福远离故乡。

我当时一下就振作起来了，这电影简直是为我量身定做啊，我对自己说：一个资产阶级小姐都这么坚强，我还是个革命战士，怎么能这么娇气脆弱呢？我也要坚强起来！

这话放在今天，大家听了一定会捂嘴笑。但在那个年月，却是非常真实的。莫妮卡家境优渥，在我看来就是资产阶级小姐。而我，从当兵起，就自称是革命战士了。

第二天一早，革命战士就打起精神去另一家医院复查。复查医生听到我的分数后很为我惋惜。他说，我先不给你下诊断，你去治疗，如果是肺炎，很快就能治好，如果是结核，那你就该住院。我于是开始了每日大剂量的青链霉素注射。同时，坐公交车奔波于省招办和我们军区招办之间，请求给我时间。半个月后复查，阴影真的消失了。其实那阴影，就是我复习期间得了感冒无暇看病导致。而我，也终于进了大学。

想起来真是幸运，我竟然在那个时候看到了那部电影，可爱的莫妮卡，无意中成了我的励志楷模，让我迈过了人生那道坎。

老实说，从艺术标准讲，这电影并不出色，戏剧冲突太过明显，人物也比较脸谱化，黑白分明。但情节复杂，演员漂亮，异域色彩浓，加上刘广宁这批老配音演员的配音，还是很吸引人的。电影的结局自然是俗套的，就是好人有好报。冷酷的阿依媚，得知胡安和妹妹相爱了，暴怒，骑马狂奔，摔死了；而莫妮卡和胡安，在彼此了解后相爱，终成眷侣。莱纳多最终也接受了胡安这个同父异母的弟弟。

《杨门女将》《冷酷的心》，这两部南辕北辙互不相干的电影，就这样留在了我的青春记忆里，让我至今感念。

精彩
—赏析——

　　本文是关于电影的。《地雷战》《地道战》《南征北战》《敌后武工队》《铁道游击队》《英雄儿女》《宁死不屈》这都是 20 世纪 70 年代末家喻户晓的电影，而真正给作者留下深刻印象的是《杨门女将》《冷酷的心》。作者写《杨门女将》这部电影，在文中铺垫了一个故事，这是关于军长的故事。在文中，作者描写了一个负责任、脚踏实地、征战沙场的军人形象。作者提及《冷酷的心》这部电影，是为了说明在自己伤心的时候看到电影变得更加坚强，"让我迈过了人生那道坎"。整篇文章以"我"的视角写下了很多精彩影片，这些影片不仅好看，还成为"我"心中的回忆。

_____

车轮滚滚

❀ 心灵寄语

> 　　随着交通工具的发展，我们的生活也变得更加富足，车轮滚滚向前，时代也在进步。

　　现在出门，多数时候我都会选择飞机，腾云而去驾雾而归，省时省力。但若要盘点一下乘坐过的交通工具，最多的，还是地上跑的。可谓回望来路，车轮滚滚。

　　生平第一次出门，坐的就是长途汽车。1958年夏，当了"右派"的母亲要去"劳改"，只好把我送到乡下托付给奶奶。她左手挽着包袱右手抱着我，乘长途车从杭州到绍兴再到嵊县。去的时候我三个月大，在嵊县的崇仁古镇一待就是三年。走的时候，叔叔推着独轮车把我和母亲送到车站，我坐一边，行李坐另一边。独轮车碾过古镇青石板路的声音一直在我的想象里存活着。

　　独轮车应该是我坐过的第二种车。

　　之后我很快坐上了火车，一个轮子变成几十个轮子，母亲带着我和姐姐，迁徙到了父亲工作的石家庄。一辆军用大卡车把我们一家和简单的行李拉到父亲的学院。火车和"大解放"成为我坐过的第三种和第四种车。

然后才是两个轮子的：母亲从杭州带到石家庄的一辆女士自行车。那辆车很重要，因为我们住在郊区，一到周末，父母就把需要买的东西开好单子，其中一人去市里买回来，大包小包的，管一个星期。经济拮据，我们不可能一家人去逛街。

有一回父母突发奇想，要骑车带我和姐姐出门游玩儿。父亲借了辆男士自行车，他搭我，母亲搭姐姐，一家四口去正定看大佛。从石家庄去正定，说近也有二十多公里啊，父母硬是用自行车带着我们姐妹俩旅游了一回，往返四十多公里，真了不起！那应该是最早的"自驾游"了吧？

姐姐上中学后，自行车便成了她的交通工具。她每天骑车去学校，早出晚归，自行车后面夹着饭盒，看上去很潇洒。我羡慕得不行，也想骑，可她碰都不让我碰。一气之下，我在她骑车的时候，冲上去扭车钥匙，只听咔嗒咔嗒一串的响声，卡断了好几根钢丝——此行为完全属于损人不利己，自然挨了一顿臭骂。

在石家庄我还坐过一种车，记忆非常深刻——马车。我相信坐过马车的人一定很少。我们院外的马路是名副其实的马路，每天都有马车来来往往，一匹或两匹马，拉着大板车，上面是粮食或者蔬菜。碰上空车的时候，我们就跳到板车后面捎个脚。遇到脾气好的车把式，笑笑而已；遇到倔头倔脑的，就会用各种办法把我们颠下来，甚至甩鞭子把我们抽下去。我的胳膊就曾惨遭鞭挞。那马一边走，还一边撅着尾巴拉屎。我们学农的时候，就跟着马车跑，捡起那热乎乎的粪，攒起来送到农村。

1997年我重返石家庄时，院外的路上已看不到一辆马车了，全是机动车。在速度加快的同时，噪声和危险也大大增加。

后来我们家搬到山城重庆，自行车用不上了，我和姐姐都只能走路上学。偶尔去市中心，就坐大卡车，父亲部队里施工用的那种，而且都是站在车厢里，风吹得脸颊生疼。虽然从我们住地北碚到重庆市区，车票也就两三块钱，但对那时的我们家来说，也是大钱。

这样一直到大学毕业，我才学会骑车。平生的第一辆自行车，是部二手的飞鸽牌，墨绿色。那时候买自行车要凭票，只好买二手。我当时在成都郊区工作，每个周末骑车进城，往返也得三十多里路，全是走异常拥堵的大路，与大货车、拖拉机并肩前进。不过有爹妈的勇敢精神垫底，我就这么往返了三年。

生孩子的时候，我坐过一种很特别的车，成都人称之为偏三轮。20世纪80年代到90年代，成都满大街都是那样的车，就是在自行车旁边安一个独轮车，专门用来搭老婆孩子，所以该车也被叫作"炮耳朵车"。我到快生产时，丈夫也勉强安了一个（没面子啊），我有幸坐过两回。等我一完成生产任务他赶紧拆掉，难看啊。

有"偏三轮"肯定就有"正三轮"。那个时候成都的出租车少，公交车也少，"正三轮"是重要的交通工具，但正三轮的车价与出租车不相上下，很贵。这样一来，偏三轮很快走出家庭，成为运输工具，同样的路程，正三轮要十元八元的，偏三轮给两三元就够了，差距很大。偏三轮里还有一种老人车，就是小三轮，我也坐过，价格跟偏三轮差不多。还有一种被称为"火三轮"的，就是机动三轮车，我也坐过，速度比三轮快，也便宜，就是噪声大，且不安全，很快被取缔了。看看，光是三轮车，我就坐过四种。现在成都街上已经看不到三轮车了，更看不到"偏三轮""火三轮"了，老实说，虽然看着体面了，却没有那个时候方便。

对了，还有摩托车。我第一次坐摩托车是当兵的时候，营里有一辆军用摩托，三个轮子那种，很庞大。负责开摩托车的老兵是个湖南人，准确的叫法应该是机要员吧？我上大学离开连队时，是他送我去火车站的。我坐在侧面那个兜里，感觉很稳当。后来又体验了两个轮子的，就不一样了。20世纪90年代中期，省作协在郊县开会，我搭了一位作家的摩托前往。那辆摩托车是他用稿费买的，算是早期的"私家车"雏形吧。当时是黄昏，沿途炊烟袅袅，"迎面吹来了凉爽的风"，几十里路，一个小时就到了。留下了颇为美好的记忆。

摩托现在很少了，取而代之的是电动自行车。这种车我至今没骑过也没坐过。但常常在路上被它吓着，它速度快，却没有声音。电动车发展太快了，已经多过脚踏自行车了。许多上班非常远却买不起车或不方便赶公共汽车的人，都愿意选择它。只是，安全令人担心。

现在说汽车。首先是北京吉普。20世纪70年代的兵没坐过北京吉普的恐怕很少。我曾坐北京吉普在西藏边关跑了多次，那是在90年代。那时路很颠，灰很大，吉普车密封不好，我坐在车里必须用纱巾当口罩捂住整个脸。但下车时，鼻孔里仍是满满的灰尘，沙眼也更厉害了。有时候坐的还是方屁股北京，得横着坐，很不对劲儿。后来部队条件好些了，北京吉普逐渐被越野车代替，有国产的山鹿、燕京，还有日产的三菱、丰田等，2005 年我再去西藏时，看到路上跑的全是高档越野车，一辆北京吉普都看不到了。

奇怪的是，这辈子第一次坐轿车的记忆完全没有，第一次坐地铁的记忆却很深，也是 20 世纪 80 年代，在北京。地铁里有一种很特别的氛围，让我喜欢，我后来出差去北京，总会坐一次。

那时到北京出差，要么选择地铁，要么选择"面的"——黄色的中巴，上哪儿都十元，在北京这样的大城市里行走，实在是很实惠。打小出租的话，随便去个地方就得二三十。不过"面的"没存在几年就被取消了，大概有损首都的面子。现在的北京出租车不但全是轿车，而且还尽是好轿车，让老百姓望而生畏。

多少种车了？有点儿数不清了。

如果说得再细一点儿，去旅游点我还坐过电瓶车和缆车。不过缆车比较特殊，没有轮子，基本上悬在空中，说它是陆地交通工具好像不准确，但说它是空中的，又太低空了吧？火车里，我还坐过 D 字头，即动车组，速度的确是快。当年我从上海到杭州要四个小时，现在两小时就到了。

随便这么一盘点，至少有二十种了吧？好像在我们国家已经有的车种里，我没坐过的大概就是磁悬浮了。这个也不难，找个机会坐一回就是了。

我没有查过我们国家的汽车人均拥有量，只要看看每个大城市的交通拥堵情况，就知道发展有多快了，连我这个从来没想过要开车的人也学会了开车。更多的城市已经开始把轮子滚入地下——造地铁。从车轮子的变化，最能看出我们国家的变化，整个社会好像安了轮子似的往前跑。但过于快速的汽车增量令人亦喜亦忧。

就我个人来说，从独轮车起步，坐到了轿车，但伴随我时间最长、给我最大帮助的，还是自行车。从大学毕业一直骑到现如今。每次早上骑车去上班时，我都感觉自己充满活力，骑车是让人愉快的事，我们几个女友曾骑自行车去郫县郊游过。只是路上太不安全了。

也许当一个人可以坐公车也可以开私车却坚持骑自行车时，才叫"抓住青春不放"。但愿我们的国家也能如此，在车轮滚滚飞速发展中，保留下最质朴的生活。

精彩 —赏析—

在文章开头，作者就点明了主题：交通工具，尤其是与车轮有关的交通工具。作者在文中详细地描写出了带车轮的交通工具：长途汽车、独轮车、自行车、马车、偏三轮、摩托车、汽车、地铁、电瓶车、缆车、轿车、动车组列车。这些交通工具刚好吻合了文章的题目《车轮滚滚》，车轮滚滚，其实也是在说明时代在进步。在文中，"我"详细描写了这几种交通工具的特点以及当时在自己心中留下的印象。综合来看，这些交通工具其实是一步一步随着时代的发展而进步的。作者描写这些工具是为了阐述时代的变化，从心里希望我们国家能够"在车轮滚滚飞速发展中，保留下最质朴的生活"，因为"质朴的生活"其实就代表人民的幸福度。

小钱大快乐

❀ 心灵寄语

> 托·布朗曾说:"相信金钱万能的人往往会一切为了金钱。"金钱能够给人带来很多东西,但不能带来快乐,合理利用金钱才能够发挥出金钱最大的力量。

我一直以为,一个人花钱的气度并不和他挣钱的多少成正比。所谓"能挣也能花"是少数,多数情况是不能挣但能花,能挣却舍不得花。比如我,虽说不是富婆,比起身边几个朋友来,算是收入高的,但我在花钱上的气量比她们小多了,我若是哪天买了件比较贵的衣服,便会好些日子惴惴不安,像做了错事。不像我的女友,工资到手第一天,就敢买一件相当于一半工资的衣服或鞋或包,剩下的日子就在等下个月的工资中度过了。又比如,很多女人情绪低落时,往往以疯狂购物的方式来调节,这招对我也不灵,我要那样情绪会更糟。所以我总想,自己的前世一定是个穷人,穷怕了,穷惯了。

这么一推理我发现,曾给我带来快乐的钱都是小钱,真的。

第一笔让我开心的钱是一毛八分，我自己挣的。那年我十二岁，读初一，班上一个女生约我去打牛草，卖给他爸爸的单位。我花了一下午的时间，汗流浃背，且浑身痒痒，打了大半背篓牛草去卖。过完秤人家把钱递给我时，我不好意思数，一把捏住就塞进口袋里，然后边走边悄悄用指头去捏。有张一毛的纸币，另外几个硬币我只好靠大小判断，最后确定一个一分，一个二分，一个五分。摸到五分时，心中竟涌起一股暖流，因为我一直以为是一毛三分钱。回家时路过水果店，看见人们在排队买西瓜。那是20世纪70年代，物资极其匮乏，水果店早已形同虚设了，偶尔来点儿水果人们必排队。我也跟着去排，排到了，只剩三个最小的。售货员一下称给我，就那么巧，刚好一毛八。我乐滋滋地拿回家。妈妈和姐姐都喜出望外，西瓜虽小也是西瓜啊，我们已多日没吃过水果了。那天真是老天照应，三个小西瓜，每个都很甜，吃得我们母女三人幸福不已。

此生我的第一笔存款是五块，也是上初中。我们家那时每个月要烧二百斤煤球，请人挑的话一百斤五毛钱。但我妈要我去挑，省钱是一方面，更主要是为了锻炼我。我妈常说我们家不能养小姐。那时我们住在山城，到处都坡坡坎坎的，路很不好走。我一次挑五十斤，挑一次我妈给我一毛钱。当然不能说是工钱，只说是买冰棍儿吃的。我舍不得买，除非天气实在太热。把钱都存下来，加上父亲每星期给我的三毛零花钱（一个月一块二），一个夏天我就存到五块了。若不是有时嘴馋买了点儿零食，眼馋买了几张花手绢儿，我还可以存更多。

存到五块时我就沉不住气了，到底是穷人的底子，成天都叨叨想买个什么，被我妈得知后，打起了"歪主意"。我妈告诉我百货商店里有很好看的花布，五块钱就可以做一件新衣服。我被说动了，跟她去百货商店买了花布做了件新衣服。上当都不知道，还美滋滋的。一直到成家后我才明白，衣食大事本该由"政府"出资的，不该征用"民间"的钱。当然，我老妈也已为此事专门向我"致歉"了。

我的第二笔存款就多了，六十元。那时我已经当兵，每个月津贴七元七角五。需要说明的是，七角五是女兵的卫生费，同年的男兵就只有七元。指导员上政治课动员我们勤俭过日子，让每月存五元。我也就听话，每月在司务处存五元，一个月剩下不到三块钱。日子过得紧巴巴的。到了年底，从司务处一下领到六十元，真觉得发了大财。我拿着钱，跑到军人服务社，给爸爸买了两瓶茅台，当时茅台酒九元一瓶；给妈妈买了两瓶花生酱，妈妈喜欢吃花生；给姐姐买了件的确良衬衣，大概十一二块；剩下的给自己买了个半导体收音机。呵，觉得自己就像个富翁，很开心。

再说说我的第一次旅游，也是小钱带来的快乐。1979 年我考进大学，依然拿部队的津贴。一个月十块。因为要买书什么的，简直不够花，每月都得从伙食费里退一点儿出来聊作弥补。有一年春天我们三个女友相约去卧龙玩儿，三个都是穷光蛋，就各自找了几件旧衣裤去附近的村子里卖，也没卖多少钱，大概七、八块钱吧，又去退了点儿伙食费，凑了二十多块钱，加上另外三个男生也凑了些钱，总计不超过五十元，交给我保管。一路上我们能搭便车就尽量搭便车，能吃素面就吃素面，能睡车站就睡车站。六个人用那五十多元玩儿了整五天。到卧龙后还假装社会调查，吃了公家的饭。这应该是有文字记载的最早的"自助游"。

结束时，我把每个人坐公共汽车回校的钱一一分给大家后，就剩一分了。我一扬手，将那分钱扔进了锦江，然后开心不已，身无分文地回到了学校。

第二次旅游是母亲赞助的。放暑假前我收到我妈的信，信里竟然夹了五十元钱，说为了奖励我学习好，让我这个暑假先到北京去玩儿几天再回杭州。把我高兴的，当时就跳起来了。那时我们家正处于"春秋战国时期"，"四分五裂"，我爸在长沙，我妈在杭州，我姐在西安，我在成都。每次放假，我们都要商量半天怎么集中。

我以这五十元为基础，退了点儿伙食费，用一个北方同学的学生证买了张学生票，就去了北京。在北京期间，我表弟提供住宿，他在北京国际关系学院读书，给我找了个女生宿舍。我每天坐公交车出游，去了颐和园、圆明园、八达岭、北海、香山，还有王府井，差不多北京有名的地方我全去了，最后还留下了够买回杭州车票的钱。可以说那次在北京是我玩儿的最开心的一次。后来再去北京，遇到的讨厌事就越来越多啦。

说到钱带给我的快乐，肯定要说到稿费。我现在差不多已经是个靠稿费谋生的人了。我拿第一笔稿费时二十岁，当时正在连队当兵。在《解放军文艺》上发了一篇散文，稿费七元。那是我第一次拿到津贴以外的钱，属"意外之财"。我决定用七元钱去书店买了书，捐给连队。七元钱竟然买了十几本书，当然是按自己的喜好全买的小说之类。连里的战友也很高兴，以至于后来连里的战友一看到书店来了新书就通知我，等着我再去买。

拿到第一笔"大稿费"时，我已经结婚。是一个中篇的稿费，四百多。我用它给爸爸妈妈买了个沙发，一百五十元，给公公婆婆一人买了床狗皮褥子，一百六十元，还买了许多零碎。我买一样，就在那个装稿费的信封上写一样，后来信封上密密麻麻的，可见买了不少东西，着实过了一下花钱的瘾。

我此生的第一笔高消费，是买电脑，早在1991年。当时我只有两千元存款，我卖了自己的金项链，用两千八元买了台电脑，放在床头柜上，开始了我的电脑写作生涯。这是我很引以为自豪的一次花钱记录。以后的日子，我依然过得很节俭，或者说更节俭了。

至今我也没体会到过花大钱的快乐，所谓一掷千金，所谓挥金如土，所谓花钱如流水，到底是什么感觉？我无法体验。我也有几个很有钱的朋友，比如那种经常出国旅游要坐头等舱的，那种每周要去香港洗脸的，那种花几万块钱定一个选美比赛前排座位的，从他们的表情看，他们是自得的、自负的，但他们很少说到快乐这个词。他们会说很痛快——痛，并快乐着。实事求是地说，我永远也不想体会那种感觉，我估计我会受不了的。我一定是，痛，并不安着。

我肯定不鄙视钱。我只希望钱能带给我真正的快乐，那种良心安宁前提下的快乐。

精彩
—赏析——

　　本文讲述了金钱带给人的快乐。作者回忆了自己人生中一些难忘的花钱经历。有趣的是，这些经历都不是一掷千金、挥金如土，只是一些花小钱的过程。在这些过程中，作者体会到挣钱的不易、节俭的好处、亲人朋友间的温情……这些快乐不是金钱可以衡量的。与其说是钱带来的快乐，不如说是因为"我"合理运用了钱财给所有人带来了快乐。整篇文章通过几个小故事来说明自己的观点，并且呼吁大家不能浪费钱，不要超前消费，应当在自己的能力范围内进行消费。在文章的结尾处，作者升华了整个主题：希望钱能够带来良心安宁前提下的快乐。

———————————

·

让文字从心里走过

🌸 **心灵寄语**

> 每个人都能通过文字来表达自己的情感，文字极具魅力，我们不应该肆意挥霍文字，也不应该随意处置文字，应该从心中去认识文字。

第一次感受到文字的神奇，是在少年时代。

记得是十二岁那年的夏天，有一天我突然很想去游泳，我们家附近有所大学有游泳池，可是妈妈规定不能一个人去，要有伴儿。我就去约我们班一个女生。她偏偏不在家。她妈妈告诉我，她下午要去舅舅家，可能去不了。我抱着一线希望给她留了个纸条，大意是说，这么热的天，一头扎进凉凉的泳池里多好啊，听着知了在树上叫，比赛谁憋气的时间长，痛痛快快地玩儿一下午……放下纸条我就回家了，回家就忘了。却不知道纸条的魔力出现：刚吃过午饭，女同学就带着泳衣兴冲冲来找我。我喜出望外，说："你不是要去舅舅家吗？"她说："我看了你写的纸条马上就动心了，明天再去舅舅家。"

噢，这是我第一次体会到文字的神奇。原来文字是可以改变人想法的。母亲曾跟我说，她读小学时因作文写得好，班上一富家子弟就找她要作文本。她不肯，因为她只有一个本子，怕弄丢了。那富家子弟便马上跑去买了两个新本子。她高兴坏了，当即成交。因为对她来说，写篇文章是容易的，买两个本子却十分不易（而对富家子弟来说刚好相反）。这个故事让我印象深刻。那篇作文对那个富家子弟到底有何意义？已成为历史幽深处的一个谜。而我只记住了那个最肤浅的结局：文字可以变成物质财富。

中学里我渐渐喜欢上了写作，很大程度上是因为它能满足我的虚荣心。作为一个家境不好从小自卑的女孩儿，唯一的亮点，就是老师总在课堂上念她的作文了。其实我自己并没觉得有多好，我只是为了赢得老师欢心才那样写的。扪心自问，没有一篇是用了真心的，今天若拿出来看，一定不忍卒读。后来上了大学，被浩如烟海的经典名著淹没，方知自己的浅薄和渺小，再不敢轻易写什么了。那种对文字的畏惧，几乎废掉了我的写作爱好。

某个暑假结束，我从杭州返校，穷学生只能买硬座票，可是因为中途转车，硬座票也没买到。只好挤进卧铺车厢蹭座。到了晚上列车员来清理车厢，毫不客气地像赶鸭子那样地赶我走。我旁边一位中年人大约是同情，小声说，还有空铺位，你可以补张票。我咬咬牙，拿出十七元钱补了一张，那张只睡了一晚上的卧铺票，耗去了父亲给我的一学期书费（总共二十元）。父亲对我历来要求严格，若知道我受不了苦买了卧铺，一定会生气的。回到学校我便硬着头皮给他写信，殷殷诉说着路途的艰辛和被列车员撵出车厢的尴尬，不得已买了卧铺票……不久父亲回信了，汇来二十元钱。父亲说："那种情况下你买张卧铺票是应该的，这个钱爸爸出。"

我惊喜交集，当然不是因为我的文字终于也换了钱，而是忽然意识到，自己已经有了一定的文字能力。还意识到，真正的文字能力，不是体现在作文上（得高分的作文往往是循着某种模式写出来的），而是体现在只为表达心情所写的文字上，比如书信，比如日记。我的写作热情再次被点燃。

后来做了文学编辑，并开始写作，日日与文字纠缠，越是接近文字便越是敬畏。虽然常常感到自己"词不达意"，恨自己没有"力透纸背"的功力，写不出那种振聋发聩直击灵魂的大作，但有一点我始终坚持着，就是诚恳的写作态度，不哗众取宠，不故弄玄虚，也不为赋新诗强说愁。因为我相信，老老实实地写，用心写，那文字，总会与某一颗心相遇。

忘了是哪一年，我写了一篇随笔《城里的树》，对城里人不但不爱护自己的树，还把乡村大树移进城里的做法深感不满。当然写过便放下了。不想前年去部队采访，却与此文邂逅：一位曾与我同在机关工作的少将告诉对我说："你知道吗？那一年胡主任看了你写的《城里的树》，马上打电话把我叫去（他当时是管理处长），他说：'你看看，作家都写文章批评我们了，说我们不爱惜树，你们还不赶快改正？'"

我知道胡主任说的是这段文字：

在我上班的路上，有一棵树，是香樟。它的脚下不知何时被人们抹上了水泥，可能是为了平整路面。但抹水泥的人竟一直把水泥抹到了它的脚底下，紧贴着树干，一点空隙也不给它留，好像它是根电杆。每次我从那里过，都感到呼吸困难，很想拿把镐头把它脚下的水泥凿开，让它脚下的泥土能见到阳光，能吸收水分。不过让我钦佩的是，这棵香樟树竟然没有被憋死，一年四季都绿在路上。也许它知道它是那条路上唯一的树，责任重大。每每看到它，我都内疚不安，我帮不了它，却享受着它的绿荫。

让我意外的是，这位胡主任从来不是个细腻柔情的人，作为一位曾经驻守西藏边关几十年的军人，他刚硬甚至有些粗暴。但却被这么一篇小小的文章打动。这位当年的管理处长接了指示，立即派人去找到那棵树，把那树下的水泥凿开，给它以通畅的呼吸和雨露。而我因为搬出了大院，没再去关注这棵树。时隔多年听到这个故事，心里半是欣慰半是惊异。原来这篇小文章，竟救了一棵树。

同样发生在我们政治部的，还有另一件有意思的事。大约四年前，我写了一篇《会议合影》，初衷并没有什么了不起的目的，只是对时下所有会议都要合影这样一个做法感到不满，觉得它既劳民伤财又毫无意义。在文章里我对此事冷嘲热讽一番，而且主要冲着那些"大人物"。文章发出后被我们政治部吴主任看到了，让我意外的是，他不但没恼，反而很欣赏。也许他虽贵为将军，也与我有同样的体会？据传他经常向人推荐这篇随笔，包括向他的上司推荐。

三年之后他调走了，我们机关全体欢送他，照例要合影。我依然躲了没去，相信他不会怪罪我。当大家站到架子上等更大的领导来合影时，吴主任笑说："你们先下来吧，站在上面又累又晒，裘山山早就替你们发过牢骚了。"

有同事把这事告诉我，我很开心。只有千把字的小文又发挥作用了。虽然作用很小，但至少，它替很多人说了心里话。敢于说出不满，也许是改变不满的开始。

但有些读者与我作品之间的故事，不但不能让我欣慰，反会让我紧张不安。比如一位男青年因读了我的《穿过那篇树林》而决定和一个不漂亮的女孩子结婚（这篇小说的主人公是个丑姑娘），一个女友看了我的《拉萨童话》而决定去盲童学校做志愿者，一位军校生因为看了《我在天堂等你》而选择进藏，等等。我怕他们在做出决定后后悔，在遇到挫折后后悔，或者现实让他们失望他们却无力回头。每每这种时候我就扪心自问：在写这些作品时，我是否真诚？回答是肯定的。我的每一部每一篇作品，都是以诚恳之态度写出的。遂心安。

我知道，每一位作家都能说出很多自己的作品与读者之间的故事。我不知道他们是怎样的感受。在我，每每得知有人因为我的作品感动落泪，或者受到启发，或者开怀大笑时，我都会在感受到文字的神奇的同时，更加敬畏文字，或者说，更加谨慎地对待文字。

如今，网络的普及，QQ、论坛、短信以及微博的兴盛，让写作变得越来越普及了。只要认识个三两千字，都可以用文字来表达自己的心情和看法，并借助媒体平台传播开来，或者与人沟通。文字不再是少数人的表达工具。这时你会发现，不管写作者是专业人士还是非专业人士，能真正被人们喜爱乃至能四下里流传的，依然是那些真诚的文字。

于是我再次告诫自己，永远都不要肆意挥霍你认识的那些字，永远都不要随意处置你熟悉的那些字，永远都先让文字从心里过一遍，再问世。

精彩
—赏析—

在本篇文章中，作者写了文字的魅力，文字对于每个人来说都有其独特的影响力。文章中作者用一个又一个故事，讲述了文字的影响力。文字可以换来物质财富，可以影响他人的想法，可以替人发声，还可以改变一些社会现状，影响别人的人生选择。正是因为文字如此重要，所以我们对待文字的态度要诚恳、要谨慎，不哗众取宠，不故弄玄虚，让文字从心里过一遍再问世。

—————————

总有些故事留在了书店

🌸 心灵寄语

> 　　在我们的城市发展进程中，书店在不断消亡，甚至阅读方式有了很大的革新，人们不再用笔写字，不再读纸质书，这样的变化对我们来说不知是好是坏。

　　很早的时候，只有一种书店，就是国营新华书店。差不多每个城市，包括那些偏远的边疆小城，都会在最繁华的市中心，设一家新华书店，它和百货公司、人民公园、人民医院、邮局等，构成一个城市的心脏。记得当兵的时候，下到连队后的第一次外出，就先去找新华书店，找到了心里才踏实。其实那个时候，是买不起书的，一个月的收入只有六七元钱。

　　我们连队有个图书室，但毕竟是 20 世纪 70 年代末，藏书极少，且大多是电工学、电路学之类（我们是通信连）。我发现图书室后，天天缠着连队文书打开图书室的门，很快就把里面仅有的几本文学书看完了。于是只要能请假进城，我就往新华书店跑，一钻进去就不想出来，一遍遍看着那些渴望拥有的书，暗暗吞咽口水。那个时候书店不是开放式的，你要某本书，只能让售货员取给你。如果你拿在手上老不买，售货员会不耐烦地说：到底要不要啊？只好尴尬地还回去。不像现在，就是不买，也能在书店里看上半天。

终于有一回，我过足了买书的瘾。

那是当兵第二年，我在《解放军文艺》上发表了一篇千字散文，得到了此生的第一笔稿费，七元钱。我一取到钱就请假进城，坐在公交车上，生怕七元钱被小偷摸了去，时时用手按着。到了站，迫不及待地冲到新华书店，就是那个我常常流口水的地方，然后"土豪"一样选了一摞书，全是我眼馋了很久的小说，中外都有。20世纪70年代末，书是几毛钱一本，很厚的才一块多，七块钱买了十几本。我拿回来，先把书捐给连队图书馆，然后再一本本借出来看。没过多久，我又在军区报纸上发表了第二篇散文，这次字数多，拿到了八块钱稿费，我又迫不及待地跑到新华书店去，又选了一摞书，再次捐给连队图书室，再次一本本借出来。

那两次去书店，可以说是我最愉快的出行经历了。去时兴奋不已，回来时幸福不已。我至今能清楚地想起那家书店的样子，它在街道上的位置，和它里面的格局。后来，我们连一个战友也去了，跑回来兴奋地告诉我：新华书店又进了一批新书，你快去买呀！他哪里知道，稿费没那么好挣的，我没有钱了。

幸运的是，在那不久之后，我考上了大学，终于有了随时可以免费看书的地方——图书馆。大学图书馆的书多到让我目瞪口呆，单是里面扬起的灰尘，就足以淹没我。我一次次去，一摞摞借，过足了阅读的瘾。不过，我依然喜欢去书店，依然会从每个月的伙食费里抠出一点钱，买上几本。总有些书，是你读过了依然想拥有的。

成都毕竟是省城，新华书店不止一家，还有专门的外文书店、古籍书店、少儿书店等。而且书店总是在最好的地段，规模也不输给百货公司。后来，进入 20 世纪 90 年代，便眼看着它一点点被流行服饰店包围，被大小商场蚕食，最终被无边无际的喧闹淹没，直至消失。

就在新华书店风光不再的时候，无数的小书店应运而生，最繁荣最鼎盛的时期，成都市中心的展览馆成了书市，周遭一圈全是书店，起码有五六十家。书市都是极为简陋的棚子，却堆满了书。我们再买书时，就不去书店了，而是去展览馆。骑上自行车奔去，一家家地逛。有时为了找一本书，弯腰低头在无数家的小店里穿梭。现在想来，那才是最早的淘宝。感觉那个时候，全民都在淘书，全民都在读书。真是令人怀念。

记得有一回，我去买余华的《活着》，开始我问："你们这儿有余华的《活着》吗？"被问的书店老板茫然摇头，好奇地反问我："那书名就叫《活着》？"我说是。他说他们从来没进过这样的书。走到下一家，我简化了一下问："请问你们有余华的书吗？"老板回答："我们没有语法书。"我说不是语法，是小说。他说小学语法也没有。我没辙了，只好退出。这样问了一家又一家，大概问了十家以上，都没找到。

我走进最后一家书店。这家店里的文学书比较多，我在其中看到了很多自己认识的朋友写的书。我一排排地看，一会儿蹲下一会儿站起来，那样子引起了书店女老板的注意。她走过来问："你想找什么书？"我不抱任何希望地说："余华的书。"她抱歉地说：

"我们只有《活着》。"我惊喜地说:"我就是要《活着》。"

不知情的人听见这样的对话,还以为我们在比赛格言。

她马上将一本薄薄的、装帧很漂亮的书递到了我的手上。的确是余华的《活着》。我连忙付钱。为了感谢她,我还特意在她店里多选了几本书。女老板一边收款一边对我说:"这本书的确写得好,我是从头到尾看完了的。你看人家一辈子经历了那么多坎坷,承受了那么多苦难,可是回忆起来还是心平气和的。真了不起。"

我听了很感慨。随便一个女人,就给我上了一课。

再后来,展览馆那一圈书店忽地消失了,消失得一家不剩。就像它们莫名其妙火起来一样,也莫名其妙地没了。也许它们是散落到了城市深深浅浅的街巷里?

大概是新千年以后,我有了固定去的书店,就好像有固定去的美发厅、洗衣店一样。这家书店就在我们大院街对面,每次吃过晚饭散步时,一个重要的内容,就是去这家书店。出大门,过马路,就到了。

书店很小,大概只有十几平方米,光线也不太好,白天都需要开灯。长方形的房间,书柜呈"7"字形摆放。书柜只有两米高,四五排的架子,上面密密麻麻地摆满了书。也许是因为小本经营吧,每种书都只有一两本,所以品种非常丰富,文学、政治、经济、少儿,五花八门。书柜对面墙上,是各种期刊杂志。那么小一个书店,也藏着乾坤。

遗憾的是,我忘了那家书店的名字,也许它没什么特色,既不是卡夫卡、博尔赫斯、马尔克斯,也不是三味书屋。那个时候好多私营书店叫这样的名字。但店里的女店主我记得很清楚,是个三十岁左右的清瘦的女人，很文静。

由于常去，女店主和我熟稔了，卖给我的书总是八折。有时我也买杂志，杂志是不打折的。有时我想要的书她店里没有，她就会替我去找，哪怕是已经下架的书、过气的书，她也会去找，而且百分之九十都能找到，就好像她是我的搜索引擎。一旦找到了她就打电话告诉我，我吃了晚饭去散步的时候，就感觉很有劲头。后来，我时常把我想要的书，提前打电话或者发短信告诉她，像预订一样。

每次去我都要待好一会儿，有时候并没有想要的书，还是喜欢一行行地在书架上浏览。发现自己喜欢的书，就拿出来告诉她："这本书非常好哦。"她会用心记下。那时，《我在天堂等你》销售还不错，她也进了好几本。一有读者买这本书，她会告诉人家，她认识这本书的作者。读者很惊喜，就请她索要我签名。她就答应下来，等我去书店时拿出来让我签。她起初还有些忐忑，说："这样不会给你添麻烦吧？"我连说不麻烦，举手之劳。

其实心里面，是窃喜的。

2006 年起，我学会了网上购书，就再没去那家小书店了，我甚至连个招呼都没打，就将它遗忘了。有一天收到当当网送来的书，忽然就想起那家书店了，很怀念，于是吃过晚饭就特意去看它。依然是走出大院，依然是穿过大街，却意外发现，它已经不在了，取代它的，是个小面馆。

我很有些伤感，站在那里看了半天，不知它是何时关掉的，也不知书店的女主人去了哪里，现在以何业谋生。

我无法否认网络购书的便捷及便宜。我甚至都不习惯再到书店架子上一排排找书了。有时候睡觉前突然想看某本书，下单，第二天上午就送来了。我为这样的便捷迷惑，忘记了去书店的路。所以，当听到朋友们在痛惜实体书店的消亡，或者谴责实体书店的消亡时，我总是心下有愧，不敢言语。因为那消亡里，也有我的一份原因。

曾经看到一句话：在书中遇见最好的自己。在我，是去书店的路上，遇到最美的自己。如今，不再走这条路的我，也不再美丽。

可是总有些变化，是我们阻挡不了的。

也总有些故事，留在了书店。

精彩赏析

这篇文章讲的是正在消失的书店以及人们逐渐改变的阅读方式。作者通过自己的经历，让人深思这种变化。文章中作者采用了对比的手法：将"我"最开始非常向往去书店，对图书室也有着非常深厚的情感，"我"有借书的"瘾"，再到网络购书非常便捷便宜，"我"不再去书店买书相对比，将最开始去书店的愉快和后面不去书店的愧疚相对比。"我"对去书店买书的态度是在逐渐改变的，从最开始的热衷到最后的"不再去"，这体现着时代的进步和书店的消亡。作者通过这篇文章缅怀在书店买书的日子，其实也是缅怀过去的"美丽"的自己。

1.阅读《我的第一笔稿费》，回答以下问题。（8分）

（1）作者在投稿之后，为什么会感到忐忑不安？（4分）

_____

_____

（2）你觉得这篇文章的写作特点是什么？（4分）

_____

_____

2.阅读《留在青春的记忆里》，回答以下问题。（8分）

（1）"我"在文章中写明了热爱电影的原因，请简要概述一下。
（4分）

_____

_____

（2）作者为什么花大量的笔墨写《杨门女将》呢？（4分）

_____

_____

3.阅读《小钱大快乐》，回答以下问题。（10分）

（1）作者为什么在开头说"自己的前世一定是个穷人，穷怕了，
穷惯了"？（4分）

_____

_____

（2）在结尾处，作者说："我只希望钱能带给我真正的快乐，那种良心安宁前提下的快乐。"请谈谈你对这句话的理解。（6分）

_____

_____

_____

4.阅读《总有些故事留在了书店》，回答以下问题。（8分）

（1）此文的主题是什么？作者是如何展现文章主题的？（4分）

_____

_____

_____

（2）作者在文章中采用了对比的手法，对比是在哪部分体现的呢？（4分）

_____

_____

_____

5.写作训练。（60分）

交通工具的发展体现了国家的兴旺，随着时代的进步，我们的生活发生着日新月异的变化，对此，你观察到些什么？

在你的生活中，有哪些事物正在发生变化？请联系现实，写一篇文章，体现你的感悟与思考。

要求：选准角度，确定立意；明确文体，自拟标题；不少于800字。

★试卷作家真题回顾★

【一个让人内疚的日子】

1.B（3分）

2.C（3分）

3.①对杜永红工作内容与行为的直接描写，如"他带领他的作业组在岗巴执行测绘任务已经二十多天了""但他不肯休息，坚持上山作业，结果昏倒在山上"等，生动地展现了他在艰苦环境下仍坚持抱病认真工作的勇毅坚忍的形象。②运用心理描写，如"他想我是个共产党员，还是个作业组长，怎么能没完成任务就倒下了呢"，充分表现了杜永红对待工作认真负责、一丝不苟的态度。而"他想，反正躺着也睡不着，不如去站岗，让能睡的同志去睡"一句展现了他自己虽身体不适，却仍然关怀、帮助战友的友爱无私形象。③旁人对他的"内疚"之情通过这些旁人的侧面描写，展现了杜永红在他们心中团结战友、兢兢业业、大公无私的高大形象。（任意答出两点，4分）

4.示例：作者描写这些英雄群像时，并没有只关注人物外在的言行举止，而是通过"内疚"这一个心理活动有序贯穿全文，如第一个感到内疚的人杜永红，这份内疚之情充分展现了他忘我工作的牺牲精神；对于其他人的内疚，如哨兵的内疚、炊事员的内疚、老同志的内疚、医生的内疚等，从旁人对杜永红去世的悲痛展现出第

一测绘大队团结友爱的群像，也更从侧面展现出杜永红的无私精神。（6分，言之成理可酌情给分）

【远古飘来的红云】

1.B（3分）

2.①自然环境方面。无论是菜籽成长、溪水流淌，还是鸟儿鸣叫，都衬托出缙云的安静。②人文环境方面。白墙青瓦、干净古朴的古镇，能让人感受到远古的气息，产生田园牧歌式的联想，进一步展现出缙云的宁静。③人们的内心世界方面。宁静的缙云使人们屏蔽掉外界纷繁复杂的喧嚣，收获内心的平静。（6分，言之成理可酌情给分）

3.①"红云"是红色的云，在文中指"缙云"，也象征（比喻）以"楹联"为代表的优秀传统文化；②"远古飘来的红云"形象地表现了历史悠久的传统文化传承至今；③标题蕴含了作者对富有文化气息的缙云的喜爱之情，对传统文化得以保留和传承的欣喜之意。（6分）

★试卷作家美文赏练★

【预测演练一】

1.（1）"相亲相爱的水"不仅是整篇文章的主题，而且说明了水"相亲相爱"的特征，表达了作者对所写地方的热爱之情。同时，

以"相亲相爱的水"暗指居住在这土片地上的居民相亲相爱的关系。（4分）

（2）作者在文中详细描写了楠溪江、仙岩的梅雨潭、三垟湿地、大海。这些地方都有水，水都非常美丽，而且都属于浙江。（4分）

（3）浙江的水有以下特色：①相亲相爱，清澈宁静，能够滋润人；②清澈见底，波平如镜，纯净深邃；③滋润着一片土地，宽广而深厚；④温暖坚强，博大精深。（4分）

2.（1）①古法造纸技术的发展和传承；②造纸过程的烦琐和讲究；③工匠造纸所付出的劳动和汗水。（3分）

（2）作者的"恋纸癖"体现在积攒宾馆信笺、用纸必须用两面，以及目睹造纸过程。文中对作者"恋纸癖"的叙述，不仅表现了作者对纸的钟爱之情，而且为后文作者目睹造纸过程以及表达作者对造纸的敬意作铺垫。（4分）

（3）六连碓，是六座顺着山势而建的纸碓房，即生产屏纸的作坊，是目前保存最完整、历史最悠久的造纸作坊。作者在文中多次提及，一方面是为了讲述造纸的工序，并表现造纸的复杂，另一方面是为了强调对这种古老造纸方式的文化传承是非常重要的。（4分）

（4）这句话运用了比喻的修辞手法，将造纸的山坳比作孕育生命的子宫，而制作出来的纸便是"子宫"孕育出来的生命，生动形象地表现了山坳与纸的亲密关系，并表达了作者对造纸作坊如此伟大的赞叹。（4分）

3. 略

【预测演练二】

1.（1）①与篇首"不知是否因为出身军人家庭，她从小就有很浓的军人情结"相呼应。②推动了情节的发展。③与本文所蕴含的拥军思想相一致，服务了暗藏的另一主题。（4分）

（2）不多余。文中大篇幅写了两人婚后的怀孕生子过程，充分表现出双方的结合不只是一次简单草率的偶遇的结果，而是有丰厚感情基础，婚姻十分美满，这就有力证明了两人的相遇是一次"艳遇"。（3分）

2.（1）作者描写邱将军和崔大校状态不佳，一是为了说明哨所的生活条件恶劣；二是从侧面突出哨所的战士们不畏艰辛，艰苦守卫哨所的决心。（4分）

（2）在文章中，作者花大量笔墨进行心理描写，突出自己内心对哨所战士的敬佩之情，这种感情无法用言语表达，只能在心里默默地赞叹。（4分）

3.略

【预测演练三】

1.（1）在这篇文章中，作者讲述了自己在小时候因颜值而自卑，直到长大后认为才气是大于颜值的，我们可以看出作者是一个敢于进步、突破自己的人。（3分）

（2）父亲给"我"讲苏小妹的故事，是为了让"我"知道颜值并不能否定一切，是想让"我"更加自信。（2分）

（3）作者在结尾说"你的谈吐颜值高，你写的字颜值高，你

的歌声颜值高"，这些都比"颜值高"强。在作者看来，颜值并不重要，因为才气可以碾压颜值。（4分）

2.（1）"人不可貌相"高度概括了这篇文章的主题，在作者看来，不能根据第一印象判断别人的性格，应该在长期相处之后才对他人的性格及其为人做出判断。（3分）

（2）在文章中，作者采用了大量的故事案例来说明自己的观点：人不可貌相。这些故事案例非常有力地支撑了作者的观点。（3分）

3.（1）表哥是一个懂得变通的人，他就像鱼儿一样，目光长远，非常睿智，不管遇到怎么样的困难，都能够做出正确的选择，并且克服困难。（4分）

（2）表哥能够画出电脑图，可以看出他是一个敢于创新、有想法的人。通过"我"父母的评价，可以看出表哥是一个吃苦耐劳、不畏艰辛的人。（4分）

（3）表哥说这句话是在表达他对于自己现在的生活处于一种满足的状态，表哥有自己的想法，不管遇到什么问题，他都能够很好地解决。（3分）

4.略

【预测演练四】

1.（1）在文章中，作者的母亲并不愿意"我"写作，所以会忐忑不安。其次，作者并不知道自己的稿件会不会被发表，对这个结果也感到忐忑。（4分）

（2）①语言平实质朴。②通过一件又一件亲身经历的事来说明自己对写作的态度。（4分）

2.（1）"我"喜欢电影，是因为在童年时期就开始接触电影，电影一直贯穿"我"的青春回忆当中，并且对我产生过很大的影响。（4分）

（2）作者花大量笔墨来写《杨门女将》，是因为这部电影与一位印象深刻的军长有关，这段往事在"我"的青春回忆当中占有非常重要的位置，尤其是在军营中的生活。（4分）

3.（1）因为作者的消费观和身边朋友的消费观不一样，所以作者对自己的消费观做出了这样的评断。这也是作者的自嘲。（4分）

（2）作者所说的真正的快乐，其实是指能够让自己身心感觉到快乐，而并不是由物质堆积起来的快乐，"良心安宁前提下"指的是挣的钱是通过正当途径得来的，花钱才会感到真正的快乐。（6分）

4.（1）本篇文章的主题是消失的书店，以及人们阅读方式的改变。作者通过叙述自己从书店买书，到图书馆借书，再到网络购书的经历展现文章主题，并借此缅怀在书店买书的时光。（4分）

（2）在文章中，作者采用了对比的手法，将自己最开始对书店的态度以及到最后对书店的态度做了一个详细对比。由此来说明书店消亡的原因。（4分）

5.略

— 试卷上的作家 —

初中生美文读本

序　号	作　者	作　品
1	安　宁	一只蚂蚁爬过春天
2	安武林	安徒生的孤独
3	曹　旭	有温度的生活
4	林　夕	从身边最近的地方寻找快乐
5	简　默	指尖花田
6	乔　叶	鲜花课
7	吴　然	白水台看云
8	叶倾城	用三十年等我自己长大
9	张国龙	一里路需要走多久
10	张丽钧	心壤之上，万亩花开

高中生美文读本

序　号	作　者	作　品
1	韩小蕙	目标始终如一
2	林　彦	星星还在北方
3	刘庆邦	端　灯
4	刘心武	起点之美
5	梅　洁	楼兰的忧郁
6	裘山山	相亲相爱的水
7	王兆胜	阳光心房
8	辛　茜	鸟儿细语
9	杨海蒂	杂花生树
10	尹传红	由雪引发的科学实验
11	朱　鸿	高考作文的命题与散文写作